顧客からの手紙

トヨタは「鉄」、MINIは「楽しみ」を売っている

もったいない!
日本企業が気づいていない
経営と戦略問題

Mark Foley
フォーリー・マーク

シバブックス
SIBAA BOOKS

はじめに

日本企業の皆様へ

この本は「顧客からの手紙」のようなものです。

日本企業や日本社会への「顧客からの手紙」なのです。

つまり、この本は主として顧客の観点から書かれています。特に海外顧客の観点からです。


顧客って?

四〇年前ぐらい、一九八〇年代に母国のオーストラリアで十代のマーク君が消費者となりました。ちょうど、日本製品が徐々に溢れ出してきたころでした。しかし、日本企業が顧客や市場を理解していたかは、疑問でした。その頃から、日本企業の技術やエンジニアリングがすごいですが、残念ながら、多くの場合、経営、戦略、マーケティング、市場理解が弱いと感じていました。
もったいない！　と思いました。

私は変わった子だったかもしれませんが、私の理科マインドが「戦略的なマインド」でした。自然に、私はそのマインドに導かれるように、日本企業の将来の戦略的な課題を掘り出していくことに、はまってしまいました。結局、三五年前、一七歳の私の日本ジャーニィが始まりました。その「もったいない！」という思いが三五年間、ずっと、私のモチベーションとなっています。

来日してから、ちょうど三〇年となりました。日本企業や日本社会に関して、「マークさん、忍耐強いね。無理じゃないか」とよく言われています。特に外国の人にはそう映るのかもしれません。しかし、顧客（消費者）としての私には、日本企業はこの四〇年間、望ましくない点の数々がまったく改善されていないと感じられます。この状況が続く限り、私の苦言が顧客としてますます辛辣になっていくのはやむを得ません。従って、顧客として、この本では厳しい言葉も使っています。すみません。失礼なことではなく、私は日本の素晴らしい可能性と将来を信じているからこそ、厳しいフィードバックをしています。

三五年間、私は主に日本の「戦略がないメーカー」等の戦略的な課題に集中していますが、この本には競争力の違う課題に注目しています。

日本企業がその課題はどのぐらい不味いか、を気付いてさえいないし、改善をしていません。六〇年間、日本企業が「片脚だけで走っている」のように、世界で競争しています。もったいない！

それは「提供価値」に関する経営問題です。

特に海外で、多くの日本企業の提供価値が不味いか、明確ではないか、不明です。

従って、この本には「提供価値」や提供価値を形にすることに注目しています。

もちろん、顧客理解や市場理解が大事ですが、企業カルチャー、企業ＤＮＡ、独自の考え方、人材ミックス等から、絶対に独自の提供価値が生まれます。独自のワオ！　が生まれます。

簡単に、経営とビジネスを考えましょう。

経営＝「独自ワオ！」＋「市場理解・顧客理解」です。

ビジネスの原点に戻りましょう。

現場に戻りましょう。

社内現場や顧客現場に必ず提供価値のヒントが入っています。

結局のところ、私が四〇年前から主張し続けてきたことの繰り返しにすぎないのですが。

しかし、このことは、歴史的に振り返ることではなく、将来の道を作る話です。

日本のワオ！　を解放しましょう。

マークより

＊注記
私の「ワオ！」はアメリカ人の大げさすぎる「ワオ！」ではなく、カンブリア宮殿程度の「ワオ！」です。つまり、「ワオ！」は小さなことかもしれません。地味なことかもしれません。しかし、独特の何かで、差別化となること、提供価値の源泉となることです。

目次

第4章　戦略的な一貫性……71

第5章　戦略とは何かを考える……95

第6章　管理はあるが経営がない……113

第1章

背景にあるもの

日本ジャーニィの原点

ブランドイメージが正体不明

一九八〇年代、私の母国オーストラリアでは、たとえばテレビや電子機器を買いたい場合、選択肢は「日本企業か日本企業か日本企業」でした。したがって、しかたなく日本企業の製品を買いました。自動車も徐々にそんな選択肢になりました。日本企業はそうした外国の顧客のおかげもあって大きくなりました。

しかし、日本企業は日本から「もの」を輸出するだけで、外国の消費者をあまり良く理解しているとはいえませんでした。私も不満な消費者の一人でした。自動車を例に挙げれば、ほとんどがベーシック車で、それはいかにも「つまらない車」でした。製品が安く、品質が良く、他の選択肢がなかったので、しょうがないと思いながらもみんな日本企業の車を買いました。トヨタを買うことが恥ずかしすぎる場合はホンダを買ったかもしれません。そうやって、トヨタやホンダが成長しました。そして九〇年代になると、それが韓国企業に置き換わりました。

トヨタの豊田章男社長はそのことを認識していたようです。二〇一四年頃、彼は「No more boring cars（もうつまらない車はつくらない）」と宣言しました。しかし、問題は、単につまらないデザインだけではありません。正直に言って、ブランドのイメージがピンとこないのです。「一般車」か「つまらない車」か、という限定的なイメージしか浮かびません。ホンダ、日産、マツダなど他の企業もブランドイメージがはっきりしません。

日本の自動車メーカーは一つのブランドの下に「ファミリーカー」から「スポーツカー」まで幅広く提供して、一貫性のないままにイメージがごちゃ混ぜになってしまっています。「何でも屋さん」ではブランドのイメージが明確になりません。こうして日本の自動車メーカーが自動車市場の「つまらない化」を推進し、自動車市場にダメージを与えていったと思います。

「つまらない車」がなぜ売れるのか

「トヨタとホンダがつまらない車を出しているので、フォードもつまらない車を出してかまわない」

これはフォード自動車の幹部のコメントです。

GM（ゼネラルモータース）が「何でも屋さん」の落とし穴にはまったように、一九六〇年代から欧米の企業が大企業病に罹って競争力が低迷したために、結果的に日本企業にとって競争相手が減りました。

もっとも、私にとってトヨタやホンダは「自動車会社」ではありません。トヨタは「製造会社」でありホンダは「エンジニアリング会社」だといつも思っていました。両社とも強みである製造やエンジニアリングに力を集中させましたが、ブランドイメージが不明なために、競争力がある「本当の自動車会社」が出てきたら競争できるかどうか、と若い頃から私は心配していました。

二〇二〇年、私はアメリカのメディアの記事（CNBC, www.cnbc.com/2020/03/06/how-the-boring-toyota-camry-became-hugely-popular.html）を読みました。トヨタの「カムリ」という自動車が全米のセダン販売の首位であることから、どうしてその「つまらない車」が一番になったかを分析した記事でした。要するに、私にとって、もう四〇年間何も変わっていないのです。市場が完全に「つまらない化」されたままなのです。顧客にはほとんど選択肢が与えられていません。このことは、顧客の一人として、私は許すことができません。

「ものづくり企業」としては当然かもしれませんが、これは実にもったいない！　トヨタは「自動車会社」ではなく、「製造会社」だと思っている私にとって、つまりは、トヨタは単に「鉄」を売っているにすぎません。ある知人は、私がそう言うと「ちゃんと動く鉄だよ」と反論したものです。

一方で、ミニ（Mini）はどうでしょうか。ミニが売っているのは自動車ではありません。「Fun（楽しみ）」、「Funky（型破りな）」、「Cool（格好いい）」というアティテュードを売っています。ＢＭＷも自動車を売っていません。ＢＭＷは「Sheer driving pleasure（駆けぬける歓び）」や「The ultimate driving experience（究極の運転体験）」というアティテュードを売っています。

日本語でちょうどいい言葉のニュアンスが見当たらないので、私は英語のアティテュード（attitude）という言葉をよくそのまま使っています。直訳の「態度」「姿勢」「心構え」

「考え」などはどれもピンとこない。ここで使うアティテュードは特定の「気持ち」「感情」「人格」「性格」「考え方」「生き方」のようなものをすべて包括した表現です。

「情熱」から「創造する」もの

これは単に「ブランディング」や「マーケティング」の問題ではありません。会社のDNA（遺伝子）や存在意義から発生する、経営の根本的な問題です。

トヨタの企業DNAが本当に「製造会社」なら「本当の自動車会社」は自動車の製造をトヨタに委託したほうがいいじゃないか、と三〇年前から私は思っていました。日本企業の技術やエンジニアリングはきわめて高レベルですね。多くの場合、世界一だと思います。しかし企業の経営、戦略、市場理解、顧客理解の面が（特にグローバルで）弱いのです。それが実にもったいない！

だからこそ、若い頃から私のモチベーションとなりました。

最近一〇年くらいで、日本にも「もの」から「こと」への提供のシフトもうかがえます。

しかし、アティテュードは企業の根本的な部分、つまり、その企業のDNA、情熱、存在意義から発するものです。大手企業のDNAを見るとどうでしょうか。トヨタの「ブランドイメージ」はまだ不明です。トヨタのDNAはおそらく「製造」、ホンダのDNAはおそらく「エンジニアリング」です。職工やエンジニアの方たちはわくわくするかもしれませんが、一般顧客はわくわくしません。

継続的な改善また改善……ではなく、PDCA（Plan/Do/Check/Action）を円滑化させることでもなく、アティテュードというのはゼロから「創造する」ものです。企業DNAやアティテュードは創業者や社員の「情熱」から生まれるものです。大手企業の場合は対応が難しいと思いますが、技術やエンジニアリングばかりではなく、より深化した企業DNAやアティテュードを創造する人材とミックスすることが大事だと思います。メーカーは技術者重視かもしれませんが、アティテュードの創造のために日本に必要な人材ミックスの処方が必ず見つかります。

私はGAFAの一角アップルが「普通」で「すばらしい」会社とは思いません。アップルは顧客マインドを考慮して独自の考えを加えていますが、これは本来すべての企業がやるべきことです。問題はソニー、パナソニック、サムスン、LGなどの競合他社が支離滅裂である点です。これらの会社は顧客よりも常に技術、エンジニアリング、製造を重視しています。

自動車業界では、ドイツのBMW、アウディ、メルセデスベンツ各社は「気持ち」の販売の勝負ばかりを行なっています。しかし、その表面的な見かけの下は、日本よりも柔軟性がないエンジニアリング組織が存在していると思います。つまり、日本企業が新しい価値を提供できれば、ビジネスチャンスがあるのです。

「製造」や「エンジニアリング」重視の自動車企業に私は文句をつけていますが、最近シリコンバレーなどの「テク」重視の企業が自動車市場に参入してきています。MaaS、EVなどの「省略世界」になりつつある。つまらなさそう！

顧客重視の自動車企業はないの？

多芸は無芸と銘ずべし

混乱し不鮮明なブランドイメージについて述べてきましたが、もう一つはより戦略的な問題です。「何でも屋さん」は言葉を替えれば「多芸は無芸」ということになるのではないでしょうか。これもまた重大な問題です。

戦略的な一貫性があれば、ある程度までは「何でも屋さん」は強みとなることもあります。しかし、多くの大手日本企業に混ざっている（重複している）戦略で、混ざっている事業にもなっています。したがって、企業イメージやブランドも混ざってしまうか、不鮮明となってしまいます。

この二五年で事業の選択と集中を少し進めていますが、東芝、日立、富士通、NEC、三菱のような大手メーカーがそろって「何でも屋さん」で、発電所から洗濯機や半導体チップまで手がけていました。「技術的に」何でもできることはすごいことかもしれませんが、「ビジネス的に」無理があります。企業イメージも拡散するのではないでしょうか。

一九八〇年代にオーストラリアへ三菱自動車がどんどん進出してきました。その頃は、私たちにとってMitsubishi ＝自動車でした。その数年後、Mitsubishiブランドのテレビやエアコンも次第にオーストラリアへ進出してきました。それは同じMitsubishiか、まったく関係のないMitsubishiか、誰にもわかりませんでした。しかし、製品に付いているスリーダイヤのシンボルマークは同じでした。まずい！　エアコンやテレビをつくっている会社の自動車が安全か？　そのような会社を信用できるか？　逆に、自動車をつくっている会社のエアコンやテレビを信用できるか？　海外ではそのような疑問が自然に湧き出ます。自動車やテレビの製品イメージが混ざってしまい、企業イメージが不明瞭になります。

日本企業は技術者重視で、マーケティングやブランディングが下手かもしれませんが、それ以上に、実際のところ顧客を理解していません。海外の顧客にとって、混ざっているイメージがどれくらいまずいか、企業自体が認識していないのです。結局、下手なマーケティングやブランディングよりも、顧客を理解していないということこそがより深刻な経営問題なのです。

電子機器から化粧品までって？

一九九〇年代、私が富士通に入社することが決まったとき、おばあちゃんは「あ、例のエアコン会社ね」と言いました。オーストラリアではFujitsu＝エアコンです。おばあちゃんは、マーク君は学生時代さまざまな最先端科学を研究してきたのにどうしてエアコン会社なんかに入ったのか、と理解できなかったことでしょう。富士通はスーパーコンピュータのような最先端技術とサービスを提供しているのに、エアコン会社としてしか理解されていないのはもったいない！　企業の事業が混ざっていたりブランドイメージが不明であるのは、就職活動中の人材にとってあまり魅力的ではなく、そのような企業にあまり入りたくないというのが率直な胸の内ではないでしょうか。

ビール市場を見てみましょう。

Heineken＝ビール。

これは誰もが納得します。Asahiはどうでしょうか。

Asahi＝ビールと誰もが納得しますか？

Asahi＝ソフトドリンク＋スナック菓子＋サプリメント＋……等。

「ビール」＋「健康食品」……どういうことか。

Asahi のイメージが混ざっています。海外では考えられないことです。和光堂ブランドの乳幼児用粉乳も扱っていて、Asahi のロゴ明示されるケースがあります。ビールの会社が健康食品や粉乳を売っている。それらを同じ会社がつくっているって？　まずい。ビール会社の健康食品や粉乳を信用できるか？　これは経営上の危険要素といえるのではないでしょうか。

特にビールの場合、「ビールは聖地」なものなので、海外ではまずあり得ないことです。半分冗談ですが、オーストラリアでビールのブランドがソフトドリンクか何かを出したら、全国民がストライキして国の機能が止まっちゃうかもしれません。

富士フイルムはカメラ、コピー機、電子部品、医療機器、新素材から化粧品やサプリメントまで幅広く手がけています。海外でそのようなめちゃくちゃなブランディングはできません。「コピー機＋化粧品」はどういうイメージになっているのか？

シャンプー、洗剤、おむつなど日用品の大手メーカー、プロクター&ギャンブル（米国）という会社があります。日本でもP＆Gのロゴをよく目にします。しかし、オーストラリアではその社名を見たことがありませんでした。私は就職活動で初めてこの会社を知りました。私は最初これは会計事務所かと思いました。アーンスト&ヤングとかデロイト&トウシュとかいった事務所名がよく知られていたからです。それまで私はたぶん毎日P&Gの製品広告を見て、たぶん毎日P&Gの製品を使っていたはずですが、社名を知らなかったのです。それぞれの製品のブランドとブランドイメージが混ざらないように、きちんと明確に分けられていたのだと思います。

さまざまな事業や製品の技術やノウハウを持つことは企業にとって強みとなる場合もありますが、問題は戦略的な一貫性がない場合です。または、会社のイメージが混ざってしまう場合です。日本にもブランドイメージに一貫性のある企業はあります。

Nintendo ＝ Fun（楽しみ）。

任天堂の企業DNAと企業戦略とブランドイメージはすべて一貫性があります。

一七歳、日本ジャーニィの出発点

次ページの写真のように小さなマーク君（五～七歳頃かな）は、宇宙を含む広い視野で質

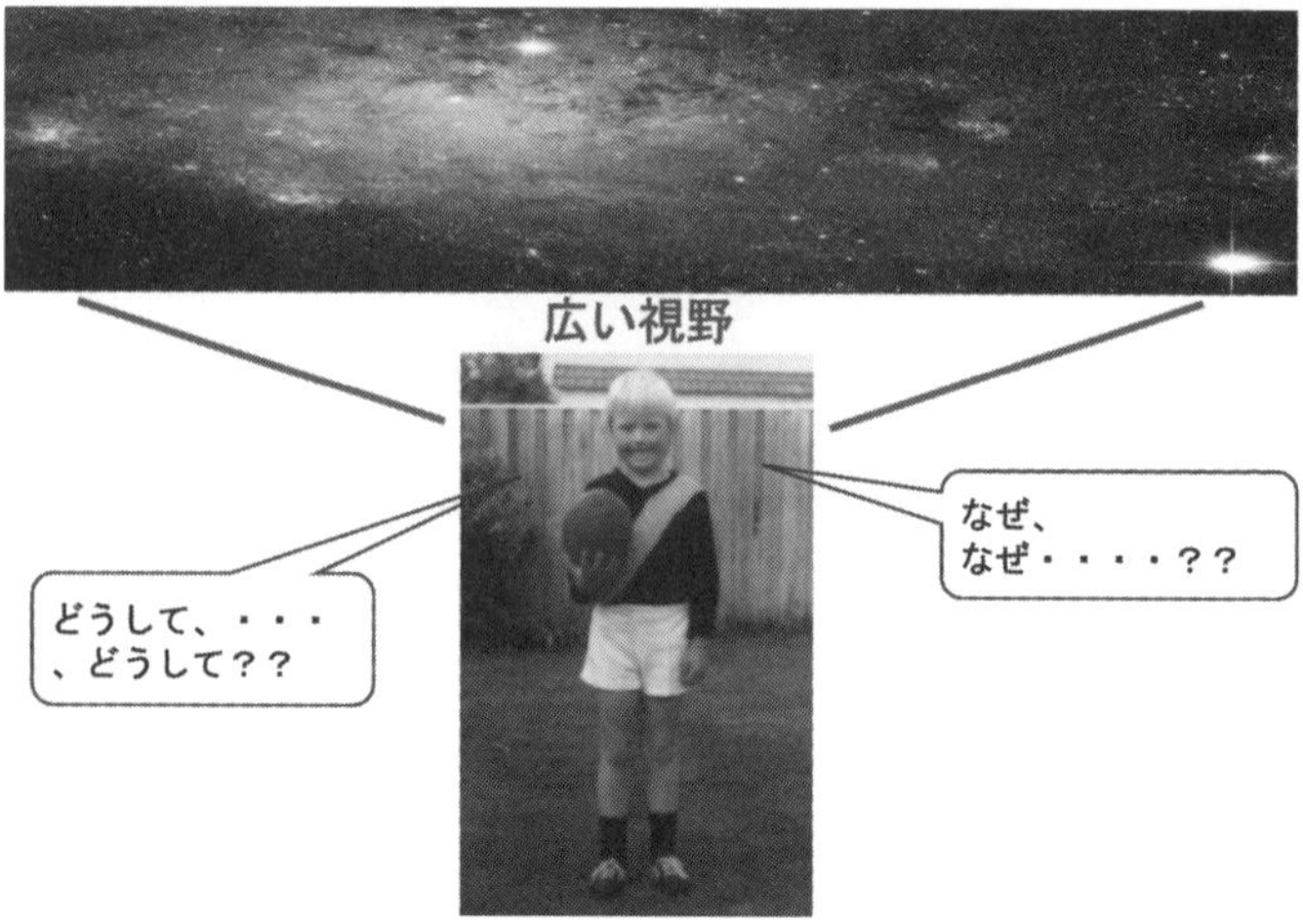

「ずれ」によく気づく子どもだった

問する子でした。どうして？　なぜ？　その「広い視野で見て、問う」というマインドで、自然に理科に興味を持ちました。結局、それは「戦略的なマインド」にもなります。そのマインドで自然に「ずれ」にもよく気付きます。私はシャイな子でしたが、発見した大事と思われる「ずれ」だけを言い始めました。結局のところ、この本も同じことなのです。

たぶん八〜九歳くらいから、私の組織分析（親の教会）が始まりました。一五歳くらいからは企業経営に注目しました。一九八〇年代でしたので、日本のバブル経済のピーク時で、誰もが日本企業に注目しました。私はずっと日本企業の顧客として過ごしましたが、特に一七歳（一九八七年）くらいでますます日本企業の経営に注目するようになりました。やっぱり「ずれ」が出ました。日本企業の技術やエンジニアリングはすごいが私たち顧客への理解、市場への理解、経営、戦略、マーケティングの面は弱いんじゃないかと思いました。将来的にだいじょうぶか、もしかしてやばいんじゃないかと思いました。ちょうどアメリカやオーストラリアの企業の一九七〇年代の「大企業病」を見たばかりなので、大手といえどもすぐにだめになるということもまざまざと知った時期でした。このままでは、もったいない！　このときから、私の「日本ジャーニィ」が始まりました。

子供の頃から私の「戦略的なマインド」は、特に日本メーカーの戦略問題にいつも執拗なくらい注目しています。「失われた二〇年」で、日本人も企業の戦略的な問題を理解するようになったと思いますので、この本では戦略に関してあまり詳述するつもりはありません（詳述するには別の本が必要）が、私にとって、戦略の源泉は企業のＤＮＡです。したがって、企業ＤＮＡについてお話しします。戦略の本質的な問題よりも、まだあまり気付いていない企業の存在価値、提供価値の問題に私は注目したいのです。

海外子会社の本音は日本に伝わらない

本来、ビジネスや経営は「顧客・市場の理解」と「独自の考えの提供」という双方向のバランスです。日本企業が（特に海外の）顧客・市場をあまり理解していないことが大きな問題なのですが、この本では主に企業の提供価値の側面に注目します。

六〇年間、日本企業は「片脚だけで走っている」と評されながら、世界で競争していま す。

もったいない！

残念ながら、日本企業の海外子会社からも本音が日本に届いていません。日本企業の海外子会社のお金は日本の本社から拠出されており、したがって日本の本社がさまざまな点でコントロールしています。だから、口うるさいアメリカ人の社員も本音は言いません。特にこれはまずいと思うことはなかなか伝えにくいです。私は、こうした海外子会社の幹部社員の本音を（もちろん匿名で）媒介役として日本側に伝えたこともあります。

アドバイスとして、私は海外子会社の社員に「日本に直接伝えたほうがいい」といつも強調しています。日本側が対応できないかもしれませんが、通常、受け取ることはします。特にメーカーのエンジニアたちは率直な人間なので、データやフィードバックを喜びます。しかし、やはり経営や組織の課題の場合はあまり対応できません。結局のところ、海外の社員が長年にわたってフィードバックしても、何も変わらないので、伝えることをギブアップしてしまいます。

そうしたギブアップした社員を、実際に私は若い頃から見てきました。一〇代の頃、私がオーストラリアで参加した日本語の授業に日本企業に勤めている社員たちもいました。彼らから前記のようなクレームをいやになるほど聞きました。一方、女性日本語教師のご主人は日本企業の経営幹部で、日本からの転勤で夫婦そろってオーストラリアに来ていました。彼女は幹部の妻として日本企業の組織や経営問題には対応できないことがよくわかりました。さすが、妻として鋭い解析でした。おかげで、日本語だけではなく、日本企業の組織や経営問題の勉強にもなったのでした。

日本には無限の可能性がある！

日本のメーカーは技術やエンジニアリングに特に集中します。私がメーカーに勤めているとき、まわりのみんなが競合他社と比較するのは技術面ばかりでした。確かに多くの場合「世界一の技術」かもしれませんが、ビジネスは技術競争だけではありません。

現代では、

市場競争は「企業戦略 vs 企業戦略」

「企業カルチャー・DNA vs 企業カルチャー・DNA」

「顧客理解 vs 顧客理解」

「気持ち・感情提供 vs 気持ち・感情提供」

「ブランドイメージ vs ブランドイメージ」

などの面で展開されています。

前記したような「もったいない！」を痛感したことによって、私は一七歳から日本や日本企業のすばらしいところを積極的に支援したいと思っていました。それ以来ずっと考えてきたさまざまなヒント、観点、可能性をこの本で伝えたいと思います。

問題への対策はみなさんといっしょになって現場でがんばりたいものです。日本には独特な企業DNA、独特な考え方、独特な人材であふれています。本の最後の部分で改善に向けてのヒントも記していますが、各現場と文脈は違うので、経営というものは本からそのまま応用できるものではありません。経営は毎日毎日、あなたの頭脳から産み出されるものです。つまりは現場、現場、現場、文脈、文脈、文脈——これが大事です。あなたの現場には必ず「ワオ！」があります。

何十年間も改善されていない場合、顧客としての私の苦言がだんだんうるさく感じられるようになります。ちょっと失礼かもしれないとは思いながらも、この本では顧客としての私が厳しい言葉を使っています。昔日本語を勉強しているとき、「かもしれません」のような曖昧なはっきりしない表現をよく使いました。しかし、同僚たちのフィードバックで「マークさん、もっと直接的に言ったほうがいいですよ」「『かもしれない』ではなく、経営者にはっきりと『しなければならない』と言ってください」という指摘を受けました。現場状況を知らないと「しなければならない」とは断言できませんが、それでも言葉の力を少し強めに変更しました。

厳しい言葉という点では、特にトヨタにちょっと申し訳ない気持ちです。トヨタはわかりやすい事例なのでよく使っています。実際のところ、私はトヨタを尊敬します。とはいえ、「製造会社」として尊敬しているのであって、「自動車会社」としてはあまり尊敬しません。厳しい言葉の半面、四〇年の長い道だったので、皮肉や冗談っぽいコメントも使います。許してください。

長い道こそ、日本企業が持つ長期的な見方で、すごいことが出来ると信じています。そのことこそ、私が日本を選んだ理由です。日本企業の将来に関しては、私が毎週見ているテレビ番組『カンブリア宮殿』にヒントがあると思います。この番組ではよく中小企業の一風変わったおじさんが出てきて（私はそんな日本のおじさんが大好きです）、社員重視と顧客重視を強調するケースが多い。毎週そのような事例を見て、「ああ、これで日本の将来はだいじょうぶ。明るい！」と思っています。このような事例をできるだけ世界（特に顧客から離れたアメリカ企業）に伝えたいとの思いに駆られます。日本の将来には無限の可能性がある——私が言いたいことは、これに尽きます。

「日本企業に（経営や戦略を）教えないでください。日本企業がそれを知らないことは、われわれの競争上の優位性になっているから。日本の企業を負かすのは簡単ですね」

——海外企業の人から私へのコメント。どんなふうにお感じになりますか？

第2章

イメージの一貫性

ブランドの混乱＝価値低下に気づいていない

混ざったブランドイメージ

トヨタはこれまで日本国内で、おじさんの車「クラウン」や可愛い「パッソ」やスポーツカーの「86」や若者向けの「bB」という車を提供していました。しかし、それらの一部は海外の先進国では売られませんでした。そのような混ざっているラインアップは海外では不可能だったのです。「クラウン」と「bB」はまったく異なるイメージで、消費者はそれがいずれもトヨタ製であることをまじめに受け入れません。こうしたことから、海外のトヨタは高級志向のレクサス（Lexus）ブランドや、「86」「bB」などを扱うサイオン（Scion）ブランドを起ち上げました。一貫性のあるイメージが必要だったのです。

ところが、レクサスの新車発表の場にたまにトヨタの社長が登場します。これはまずい。イメージが錯綜し混乱するからです。レクサスのイメージが悪くなります。レクサスの発表なのだから、レクサスの社長からのメッセージが必要です。トヨタと関連がないように示さなければなりません。トヨタのマーケティングは本当にアマチュア並みです。

混ざったブランドイメージ

広告の再現：
スポーツカーとファミリーカーを並べて表示するとイメージが錯綜した

混ざったイメージといえば、印象に残っているのは、二〇〇三年三月三一日付けの日本経済新聞に掲載された日産の広告です。上の写真のようにスポーツカーの隣にファミリーカー（ミニバン）が並べられて、「日産の乗用車販売台数の85％が超-低排出ガス車になりました」というキャッチコピー。いえ、このコピーが問題なのではありません。スポーツカーの隣にファミリーカーというメインビジュアルが問題なのです。通常スポーツカーとファミリーカーのイメージはまったく異なります。日産は何者？　ブランドイメージが錯綜、混乱しているので、価値が低くなります。

トヨタが多くの人に称賛されていますが、私もトヨタに本当の競争相手はいないと思います。アメリカのビッグ3であるGM、フォード、クライスラーが五〇

～六〇年間にわたって傷だらけで、本当の競争相手になっていません。七〇年前のＧＭによる市場セグメンテーション（細分化）は斬新的でしたが、その後それぞれのブランドが次第に重なり合わさるようになって、混ざってしまいました。その上「それぞれの層に向けた適切価格」での提供が市場や人口構成にそぐわなくなりました。古いブランドと古いセグメンテーションが現代のライフスタイルやアティテュードに合わないのです。結局ＧＭが「何でも屋さん」となってしまい、同様に、他の二社を含めてビッグ３各社が大企業病に罹りました。

ちょうどそのとき、一九六〇年代から七〇年代にかけて日本車メーカーが世界に進出しました。まさか、ビッグ３を真似したわけではないでしょうね。視覚障害者が同じ視覚障害者を導いているかのようです。そして、九〇年代には韓国勢が日本メーカーをフォローしました。

トヨタが製造業の道を一途に進んでいたら、世界の自動車業界にダメージを与えたかもしれません。本当の競争相手（アティテュードを提供している自動車会社）が存在したら、トヨタはどうなったでしょうか。

ハイネケン・ジュースやバドワイザー・ビタミン？

ホンダは自動車だけではなく、オートバイや耕運機も、近年では飛行機もつくっています。かなり混ざっているイメージです。「ホンダ＝エンジニアリング会社」ではなく、実際は「ホンダ＝エンジン会社」のほうが正しいのかもしれません。

こうした「何でも屋さん」の例は日本にたくさんあります。

ヤマハはオートバイもピアノもつくっています。とんでもない組み合わせですね。どちらもすばらしい技術ですが、ブランドのイメージが混ざって、頭がおかしくなりそうです。いくら評価が高くても、ヤマハのピアノはスタインウェイ&サンズのピアノと同等の「価値」や「イメージ」には届きません。

アサヒ、キリン、サントリーなども同じブランドでビール、ウィスキー、ソフトドリンクや食品、サプリメントなどを販売している。海外ではそんなことはできません。世界のビール会社大手は、ハイネケン・ジュースやバドワイザー・ビタミンを販売していませんね。そんなことをしたら企業価値が下落するからです。ブランドイメージがまったく異なるからです。

アサヒは同じブランドでサプリメントやバイオ燃料もやっています。健康補助食品とビール？　バイオ燃料とビール？　まずいイメージになるんじゃないかなあ（一部の人にとってはビールは燃料かもしれないけれどね）。

サントリー・ウィスキーの知名度が世界中でようやく高くなってきたのに、最近海外で同じブランドの缶コーヒーを発売しました。

Suntory＝高級ウィスキー＋缶コーヒー？

どちらもまずい。混ざっているイメージ。もったいない。どれほどまずいかサントリーはたぶん気付いていません。Suntoryの社名を使わずにBossという缶コーヒーブランドだけでいいです。

そういえば、サントリーは二〇一四年にアメリカのバーボンウィスキー銘柄のジム・ビーム（Jim Beam）を買収しました。そのニュースを聞いたとき、ジム・ビームの企業DNA、企業カルチャー、ブランドを潰さないように注意が必要だと思いました。ジム・ビームの客層を広げることによって売り上げをさらに伸ばすかもしれないが、ＧＭのようにブランドイメージが薄くなる恐れもある。例えば、「ピンクグレープフルーツ・ハイボール」も出ました。これでブランドイメージは薄くなったかな。すでに、「Jim Beam はフレーバ・ウオーターを提供しているか」のようなコメントが出ました。

Jim Beam ＝フレーバ・ウオーター？

いかにもまずいイメージですね。

私にとって、伊藤園＝緑茶、です。

コンビニなどで、緑茶でしたら、私は伊藤園を信頼します（伊藤園＝緑茶ですから）。

しかし、先日、伊藤園の自動販売機に伊藤園の「ビタミンパワー GO!」を見ました。

がっかりしました。

「緑茶の伊藤園」がエネルギードリンクに自社ブランドを付けて、エネルギードリンクっぽい、ださいデザインの缶も使っています。イメージが混ざって、まずいじゃないか。

やっぱり、自社の自動販売機のラインアップを埋めるためにやったのでしょうか。

自動販売機のコーヒーの場合、伊藤園はちゃんとタリーズコーヒーを扱っています。それはいいです。しかし、自動販売機のため、大事なブランドを混ぜてしまって、ブランドをつぶしたようです。

自社ブランドとイメージを尊敬してください。自社の企業カルチャーを尊敬してください。余計なことをやらないでください。

今、私は「緑茶の伊藤園」を信用できるかな。

たまに、ブランドイメージを更新したいかもしれません。例えば、男性の顧客ターゲットだけではなく、女性にも広げたい。しかし、本当に注意が必要です。既存の顧客から反発が出ますから。ブランドを広くするよりも、更に違うブランドを作ってもいいかもしれません。海外で、「日本化」（何でも屋さん）にならないように、十分注意が必要です。

ユニ・チャームは生理用品や紙おむつで日本国内のトップシェアを誇りますが、ナプキンもおむつも顔に着けるマスクも同じブランドで販売しています。まずいイメージが混ざってしまいます。

日用品といえば、前述したようにアメリカのプロクター&ギャンブルはオーストラリアでは社名が使われていなくて、ブランド名だけでした。ブランドのイメージがあくまでも大事なのです。

キャットフードとカレー缶詰

かつてパナソニック（Panasonic）にはすてきなAV機器のブランドイメージがありました。一方でナショナル（National）ブランドは白物家電が中心でした。二〇〇八年にすべてパナソニックブランドに統一させることになりました。

全然イメージが違う洗濯機、トイレなどと混交してパナソニックのAVイメージが悪くなるのではないかと心配しました。アップルは洗濯機（iWash）やトイレ（iToilet）を出さないでしょう？　出したらアップルの企業価値が下落するからです。ほかにパナソニックホームズといったグループ会社もたくさんありますね。ナショナルブランドを残したほうがいいと私は思いました。

ナショナルがパナソニックになったきっかけの一つは、たぶん同社が注目し、意識している韓国のサムスン（Samsung）のマーケティング力だと思います。しかし、サムスンやLGは日本メーカーの「何でも屋さん」パターンをフォローしています。また、視覚障害者が同じ視覚障害者を導いているかのようです。そのようにして日本企業が市場にダメージを与えているのです。

最近私の子供が、「ちゅ〜る、ちゅ〜る、いなばCIAOちゅ〜る」の歌にはまっています。いなばペットフード株式会社のキャットフードのコマーシャルソングです。ドッグフードの「いなばWanちゅ〜る」も有名です。ペットフードだけじゃなくて、同じ企業ブランドで（いなば食品株式会社という別会社で）缶詰やレトルト食品など人間の食べ物も提供しています。この前、私が「いなばチキンとインドカレー」の缶詰を食べていたとき、子供がたまたま「ちゅ〜る」の歌を口ずさみました。私の口の中の物のイメージはどうなったでしょうか？　これはまずい。混ざっているブランドイメージです。

大企業病の頂点か

大企業病のもう一つのパターンは他の企業や事業を買収して、そして、親会社の社名やブランドを買収した企業に付けることです。しかし、多くの場合、イメージやブランドが混ざって、まずいです。

例えば、赤ちゃん本舗という赤ちゃんとマタニティーの関連製品の専門チェーン展です。特に初めて子を持つ親にとって、赤ちゃん本舗のスタッフは「プロ」で、頼りとする人達です。そして、セブン&アイ・ホールディングスが赤ちゃん本舗を買収しました。ある日、赤ちゃん本舗のスタッフのＩＤバッジが「セブン&アイ」バッジとなりました。私にとって、元々「プロ集団」のイメージが単にセブンイレブンややイトーヨーカ堂のアルバイトさんのイメージとなりました。赤ちゃん本舗のイメージが悪くなることだけではなく、イメージが企業の「提供価値」（例えば、「プロ集団」）です。つまり、企業価値が悪くなります。

そのころ、セブン&アイ・ホールディングスに入ったOSHMAN'S（オッシュマンズ）というアウトドア洋服の店にもセブン&アイロゴが現れました。OSHMAN'Sのかっこいいや流行のイメージが悪くなります。まずいです。

最近、多くの企業の構造が「ホールディング会社」という形となりました。一般消費者向けの広告にも「ホールディングス」という言葉がどんどん見え来ました。しかし、「ホールディングス」は企業名や企業構造の関係なので、「株式会社」のように、消費者にとって、「ホールディングス」という言葉は付加価値や差別化になりません。強い「XYZ」ブランドでしたら、「XYZホールディングス」というブランディングは少なくとも邪魔で、マイナス価値となるかもしれません。

セブンイレブン等のテレビCMのCMソングに……〜セブン&アイ・ホールディングス〜……という歌も入っていました。CMソングまで、「ホールディングス」という言葉が入って、それを見て、「大企業病の頂点」と思いました。さすが、「すべてを標準化する」セブン&アイと思いました。企業が単に「マシン」となってしまった印象です。大企業のエゴかもしれませんが、顧客や現場の社員のプライドの観点から考えてください。

改めて、このような事例は顧客の観点からです。

一九九〇年前後に活躍したバンド「パッセンジャーズ」のボーカリストだった大野美樹がかつてこのようなコメントを残しました。

「In Japan, no one has any critical awareness（日本では、誰も重大な意味を持つことに意識・自覚がない）」

当時実に納得できるコメントだと思いました。ちょうどここで述べている問題と重なるのではないでしょうか。

しかし、問題は、一貫性ということだけではありません。


「トヨタのブランドが何を象徴しているか、わかりません」

——セルジオ・マルキオンネ（元フィアットCEO）

第3章

アティテュードを提供

そのパワーに気づいていない

態度・人格・気持ち・生き方……

ＢＭＷは自動車を提供していません。ＢＭＷは「駆けぬける歓び（Sheer driving pleasure)」「究極のドライビング・マシン（The ultimate driving machine)」というアティテュードを提供しています。

ミニ（Mini）を買う人は自動車を買っているのではありません。彼らは「楽しみ（Fun)」「型破りな（Funky)」「格好いい（Cool)」というアティテュードを買っています。

海外では「attitude を提供する」「experience（体験）を提供する」といったような言い方が普通です。しかし、日本ではそのような基礎的なビジネス会話があまり通用しません（特にメーカーの世界で）。

繰り返しになりますが、attitude のニュアンスを的確に表す日本語はないようです。「気持ちを提供する」や「感情的なつながりを提供する」のような表現も微妙に違います。特定の「態度」「姿勢」「心構え」「気持ち」「感情」「人格」「性格」「考え方」「生き方」のようなものすべてが含まれています。したがって、やはり「アティテュード」とカタカナ表記をするしかないようです。

誰でも、買い物をするときにはアティテュードを理解していると思います。しかし、アティテュードをつくって、それを提供することとは違います。

日本企業はグローバルビジネスを進めたいと考えているのに、市場の基礎的なことを理解していません。これはかなりショッキングなことです。同時に、もったいないと思います。それは単なるマーケティングやブランディングではありません。提供価値やアティテュードの源泉は企業の本質です。つまり、企業のDNA、企業の存在意義、企業のカルチャー、企業の戦略から発生するものです。

海外ではこのようなアティテュードが求められています。そのため、海外で日本の自動車メーカーがハイエンドブランドに特化したものをつくりました。トヨタのレクサスや日産のインフィニティ（INFINITI）やホンダのアキュラ（ACURA）がそれです。

その後レクサスブランドは日本にも逆輸入されました。しかし、その際に掲げられたキーワードは「エンジニアリング」「高級」「機能性」「品質」「プレミアム」でした。つまりアティテュードを提供することではありませんでした。まだ「エンジニアリング」や「高級」の提供でしかなかったのです。その後の世界中のレクサスの広告を見ても、企業の本質やブランドイメージから発生したというよりも、広告代理店の自慢映像だけにすぎないと感じます。前述したように、レクサスの発表会ではたまにトヨタの社長が登場するので、ブランドが混ざってしまいます。もったいない。レクサスの工場を調べてみると、いくつかのモデルは「Made in Toyota City（愛知県豊田市の工場製）」だそうです。気を付けないと、レクサスのイメージがますます混ざって、ますます悪くなります。

ブランドイメージという混じりっけのないもの

トヨタが二〇〇三年から二〇一六年までアメリカとカナダで展開していたブランドにサイオン（Scion）というのがありました。当時は面白い挑戦だと思いました。走る楽しさを第一に追求する若者をターゲットとして、トヨタの「８６」や「ｂＢ」が別ネームの兄弟車として販売されていました。

このブランドが撤退を余儀なくされた事情については、私は詳しくないのですが、だんだんとつまらなくなって、一貫性もなくなっていったそうです。しかも、自動車市場では年齢別の細分化（セグメンテーション）が難しかったのではないかとも思います。特に若者はあまりお金を持っていないし、最近では車離れ傾向もありそうです。年齢による市場細分化よりもライフスタイルやアティテュードで市場を細分化することのほうがよかったのではないでしょうか。

自動車市場関係者の間でよく言われていたのは、トヨタがサイオンブランドを導入した狙いの一つとして、つかんだ若い顧客を将来的にトヨタ車の顧客に格上げすることにあったということです。それが本当でしたら、とんでもない間違いです。ブランドイメージというものを全然理解していないし、アティテュードを提供するということを全然理解していないということになります。

何度も言うようですが、私にとってトヨタは「自動車会社」ではなく「製造会社」だと思います。しかし、レクサスやサイオンのように、別の組織ＤＮＡと組織カルチャーとしてちゃんと切り離して（製造ＤＮＡではなく）、違う人材ミックスがアティテュードをつくったら、新たな独自の提供価値を実現できると思います。

日本の自動車メーカーで、もっとも一貫性があるブランドイメージはスバル（Subaru）です。

Subaru ＝ Outdoors（野外）。

ところが、何年か前にスバルがスポーツカー「ＢＲＺ」を導入しました。トヨタの「８６」とベースが共通です。若い顧客を狙っているのかもしれませんが、これでブランドイメージが混ざってしまいました。スバルにとって、スポーツカー自体は特に問題はないのですが、「スバルらしさ」や「スバルのアティテュード」が必要です。「トヨタ病」がスバルに感染しないように気を付けなければなりません。しかし、遅すぎかもしれません。このことがどれくらいまずいことかをスバルもトヨタも認識していないようです。

全社共通の「エンジニアリング」や「技術」

オートバイ業界でも、ホンダ、ヤマハ、スズキ、カワサキは主に「エンジニアリング」

や「技術」というものを提供しています。アティテュードではありません。一方、ハーレーダビッドソン（Harley-Davidson）は「自由（Freedom）」や、「反抗性（Rebellion）」というアティテュードを提供している。一九七〇〜八〇年代、アメリカでホンダ、ヤマハ、スズキ、カワサキのオートバイは「Universal Japanese Motorbike（UJM）」とちょっと誹謗した言葉で呼んでいたそうです。「例の日本のやつ」といったニュアンスでしょうか。安くて、ハーレーダビッドソンのような大きなサイズより友好的で、人気となりましたが、ホンダ、ヤマハ、スズキ、カワサキの各ブランドはすべて同じイメージがあり、差別化が見えませんでした。

時計業界でも、セイコーとシチズンは主に「エンジニアリング」や「技術」というものを提供しています。アティテュードではありません。一方、スウォッチ（Swatch）は「楽しい（Fun）」、「微笑（Smile）」、「独自性（Independent）」というアティテュードを提供している。タグ・ホイヤー（TAG Heuer）は「内面の強さ（Inner Strength）」というアティテュードを提供している。

音響・映像機器やカメラでも、日本や韓国のメーカーが主に「エンジニアリング」や「技術」というものを提供しています。一方で、任天堂は主に子供に「Fun（楽しみ）」というアティテュードを提供しています。任天堂の企業ＤＮＡと企業戦略とブランドイメージはすべて一貫性があります。

一般的に「エンジニアリング」や「技術」の提供という市場ポジショニング（位置付け）は特に問題があるわけではありません。問題なのは、ほとんどの日本のメーカーが同じ「エンジニアリング」や「技術」の優位性というポジショニングを提供している点です。各メーカーが同じ「エンジニアリング」や「技術」重視を提供すると、差別化できなくて、簡単に機能性やコストの競争になってしまいます。

残念ながら、それぞれの分野では日本勢、韓国勢が「エンジニアリング」や「技術」に集中して、「もの提供」の要素が強く、消費者には選択肢があまり与えられていません。最初に書いたように、音響・映像機器や電子機器の場合、八〇年代のオーストラリアでは選択肢は「日本企業か日本企業か日本企業」でした。「しょうがないけど、日本企業の製品を買わなくちゃ」という状況です。自動車も同じでした。九〇年代には、それが韓国企業の「もの」にシフトしました。消費者は不満なままです。もちろん私もその一人でした。

ブランドランキングとブランドイメージの違い

これも繰り返しになりますが、私はアップルを「普通」で「すばらしい」会社とは思っていません。本来すべての企業がやるべき一般的なことです。

つまり、「人間の顧客」＋「独自の考え」。

問題は他の会社（ソニー、パナソニック、サムスン、LGなど）が顧客よりも「技術」や「エンジニアリング」や「製造」に力を注いできたことにあります。

サムスンを例に挙げれば、各製品に「技術」がぎゅうぎゅう詰めに入っています。英語に「Everything including the kitchen sink」というフレーズがあります。「必要なものから必要のないものまで思いつくものならキッチンの流し台を含むすべて」といった意味です。サムスンの「技術」をめいっぱい積み込む戦略について、私はそのフレーズをいつも使いました。数年前にサムスンの携帯電話の発火事故が起こりましたが、原因の一つは電池を無理やり気味に押し込めたために正しく作動しなかったことでした。やっぱりサムスンはキッチンの流し台も入れたかったのだなと思いました。

ソニーの場合、もともと顧客目線に立って、顧客のライフスタイルへの注目度は高かった(「ウォークマン」のおかげ)と言えます。ソニーはテープレコーダーなどの機器を提供するのではなくて、

Sony＝「すてき（cool）＋先駆性（pioneering）」

を提供するのだと感じたものです。アティテュードやデザインなどを経由して、「すてき(cool)＋先駆性（pioneering)」という付加価値を提供するのだと。しかし、九〇年代になってエンジニア重視にシフトして、顧客の世界から離れてしまったのではないかと感じました。最近ではソニーのＤＮＡとは何かを再発見しようとしているみたいですが、一〇年間以上私はソニーの広告を見たことがないかもしれません（Sonyはまだテレビをやっているかも見えません）ので、存在感がまだ弱いままです。

毎年企業のブランド価値ランキングの順位リストが発表されています。知名度や無形資産の価値が金額換算して評価されるのです。トヨタ、ホンダ、ソニー、日産、任天堂といった大手日本企業はトップグループの常連です。消費者はトヨタやホンダを「知っていま

す」が、「トヨタやホンダのブランドイメージは何ですか」という質問をすると、結果はどうなるでしょうか。トヨタやホンダのブランドイメージというのがピンとこないかもしれません。ブランドランキングや知名度とブランドイメージとはまったく違うのです。

九〇年代からマイクロソフトが各ブランド価値ランキングのトップグループに位置していた時期がありました。しかし、当時は私に言わせれば最悪のソフトを販売している上に、世界市場で独占状況にありました。

顧客理解と本来のマーケティング

八〇年代、トヨタは海外でのテレビコマーシャルに「Oh, What a feeling」というスローガンを使っていました。オーストラリアの場合、そのスローガンが三〇年以上続いているそうです。全国民の脳にそのスローガンが染み込んで、広告代理店の業界でいうところの「キャンペーン大成功！」となりました。しかし、トヨタのブランドイメージは？　いまだに不鮮明です。確かに、そのスローガンと人が跳び上がって喜びを表すイメージが、単なる「安い自動車」中心から「運転手の気持ち」へのシフトを促しました。しかし、どうしてそのfeeling（いい気持ち）が生まれるのか、いまだに不明です。みんなは「BMWの喜び」や「ミニの喜び」は理解していますが、トヨタの喜びはまだ謎なのです。

広告の表面的なマーケティング手法には注意が必要です。英語に「like putting lipstick on a pig（豚に口紅を付けるような）」という決まり文句があります。残念ながら、多くの場合、広告はその役割を担っているようです。たぶん、A社のテレビコマーシャルとB社のテレビコマーシャルを取り替えても誰も気付かないでしょう。会社のブランドイメージや特定のアティテュードを感じないからです。

はたして「人間の顧客」を見ている企業があるのでしょうか？　現代では、顧客が実際に人間であることを忘れたみたいなので、私は「人間の顧客」と強調します。

本来、マーケティングは本当の意味での深い価値をつくることです。ビジネスや経営は「顧客・市場の理解」と「独自の考えの提供」という双方向のバランスです。本来、マーケティングがその二つを発見して、繋いで、提供価値をつくるのです。

残念ながら、特に日本のメーカーは「顧客・市場の理解」と「独自の考えの提供」の両方に弱い。企業の提供価値に関して、どうして日本企業がその基礎なことを知らないのでしょうか。

特にメーカーの場合、技術者重視で、マーケティングやブランディングが下手かもしれませんが、その裏では、実際に顧客を理解していないんじゃないかと思われるのです。顧客に植え付けられた負のブランドイメージがどのぐらいまずいかを認識していないみたいです。

「製造規模」追求という逆行

私にとって、トヨタは「自動車会社」ではなく「製造会社」です。したがって、トヨタが製造受託サービスを提供してもいいじゃないか、と三〇年前から思っていました。「本当の自動車会社」「自動車デザイン会社」「アティテュード提供」「カスタマー理解」を経営の中心に置いている会社のデザインした自動車を、委託されてトヨタが製造する。いいじゃないですか。

それぞれの業界で、外部の製造専門会社に製造委託することがだんだんと普通になりつつあります。私はかつて半導体ビジネスに従事しました。半導体ビジネスの場合、毎年物理的な限界（原子レベルですから）に挑戦しています。そうした物理的な無理があるから製造を外部には委託できない、と言われていました。しかし、九〇年代から半導体の製造委託が普通になりました。物理的な限界に挑戦する半導体チップが可能なら、自動車の製造委託もできるでしょう。

どうして自動車会社が外部と委託提携をしないのでしょうか？　日本や韓国の自動車メーカーは一般的な意味での「製造会社」なので、製造を委託するなんて考えませんね。それならば、逆に委託されたほうがいい。

他の業界と違って、自動車業界はばかみたいに逆方向へ行きました。「製造規模の保持、拡大」のために、九〇年代から同じ自動車企業の買収を進めました。フォードがジャガー、アストン・マーティン、ボルボ、ランド・ローバーなどの企業を買収しました（それ以外の企業も買収したかったのにかなわなかった）。そうやって製造規模を大きくして「つまらないフォード」が独自ブランドに付加価値を生み出すことができるでしょうか。逆にマイナス価値を付けることになるのではないでしょうか。

「製造規模のため」を第一義に買収を進めましたが、もっとも重要なことをおろそかにすることになりました。顧客やブランドイメージの軽視です。結局は、製造規模の問題だけじゃなくて、大企業病と「自動車帝国」を築き上げたい経営者のエゴ（自我・我欲）の影響もあったかもしれません。もしそうなら、これはまずいと思いました。むしろ日本企業に製造委託したほうがよかったんじゃないかと思いました。三〇年前には、日本の企業がそのばかな「製造規模」追求から世界を救うチャンスがあったのではないでしょうか。

アティテュードは企業の本質から生まれる

自動車業界でその九〇年代のまずい行動の残りがまだ見えます。ブランドイメージの好例として私はＢＭＷとミニをよく使いますが、この二つにも心配な点があります。九〇年代の企業買収後、両社は同じ企業グループになりました。別掲写真のように、世界中でＢＭＷのショールームの隣にミニのショールームがよくあります。これはまずい！　ブラン

隣り合うミニとBMWのショールーム

隣り合うジャガーとランド・ローバーのショールーム

隣り合うジャガーとランド・ローバー宣伝イベント

ドイメージが混ぜってしまいます。ミニのブランドイメージが悪くなります。ＢＭＷのブランドイメージも悪くなります。

グループ内で両社それぞれの経営面の共通化や人材交換があるみたいので、長期的に「大企業病」や「グループ企業病」に罹るのではないかと心配しています。ブランド力は企業のＤＮＡ、企業カルチャー、社員の情熱から発生するものなので、絶対に混ぜてはならないものです。ＧＭの歴史から勉強して欲しいです。

ジャガーとランド・ローバーも同じです。企業買収後、この二社も同じ企業グループになりました。写真のように、ジャガーのショールームの隣にランド・ローバーのショールームがあります。ブランドイメージが混ざってしまいます。まずい！　強いブランドイメージを持つ会社もこのようにばかなことをやっていますので、長期的には競争相手にチャンスがあるかもしれません。

一方で、ブランドイメージが不鮮明なままの自動車企業も相変わらずです。アメリカのビッグ3を初めとして多くは経営者の給与が何億円、何十億円というレベルです。ブランドイメージがはっきりしていないのに、どうしてそんな高給が払えるのでしょうか。とんでもないですね。やはりブランドイメージがはっきりしない日産の元社長カルロス・ゴーンもその仲間に入りたかったようですね。

戦後、日本国民はサバイバル状況から脱け出すとともに、いろいろな「もの」を求め始めました。しかし、戦勝国をはじめとする先進国がすでにアティテュードを求めているフェイズに入っていましたから、海外ビジネスを展開するためにはアティテュードづくり、アティテュード提供が必要とされました。

日本国民はルイ・ヴィトンやＢＭＷやNintendo のアティテュードを買っても、その実アティテュードづくりをあまり経験したことがなく、アティテュードの原動力にあまりタッチしたことがないかもしれない。特に日本国内ではメーカーや大手企業の影響が強く、エンジニアたちの影響もまた強い。子供の頃から「ものづくり」を見てきたからかもしれませんが、「アティテュード作り」をあまり見たことがないかもしれません。それももったいないです。

ものづくりの柱となる改善、改善……ではなく、アティテュードはゼロから創造するものです。企業の本質から、企業のカルチャーから、企業の存在意義から、企業の戦略から、社員の情熱から生み出すものです。「アティテュード」や「独特の提供価値」を掘り出し、創造するため、より深いところに目を向けましょう。

「私たちが販売しているのは、四三歳の会計士が黒い革の服を着て、小さな町を走り抜け、みんなを恐れさせる能力です」

——ハーレー・ダビッドソンの経営幹部

第4章

戦略的な一貫性

それは企業をパワーアップする

「ポートフォリオ経営」はなぜ失敗したか

「何でも屋さん」は、たまにはそれが強みとなります。戦略的な一貫性さえあれば。

一貫性は単に範囲を狭くすることではありません。イギリスの多国籍企業ヴァージン・グループは、レコード会社に始まり航空会社、鉄道会社、ラジオ局、携帯電話会社、ホテル、結婚式サービス……と次々に新たな事業を拡大し、はては宇宙旅行会社までつくりました。しかし、一貫性があります。常に「状況・常識に挑戦する」というアティテュードを一貫して提供しています。

戦略的な一貫性のパワーは企業の強みをさらに増して、競合他社との差別化になるということです。他社があなたの会社のＤＮＡや本質をコピーできないからです。その上、顧客と社員は（潜在的な社員も）企業の提供価値、アティテュード、イメージを理解できます。その点で、日本企業（特にメーカー）はそれぞれ多くの事業、製品・サービスを提供していますが、戦略的な一貫性があまりなく、差別化もあまりできていません。

世界中に複合企業（コングロマリット）のフェイズがあります。しかし、多くの場合、単に「お金持ち企業病」や「大企業病」の症状が表れていますので注意が必要です。たとえば、ある企業がある分野で成功したとしましょう。お金も入って、自信も付きます。そこで、周辺分野に業務を拡大するか企業買収で他の分野に進出します。しかし、そのよくあるパターンこそが「お金持ち企業病」であり「大企業病」なのです。

アメリカなどの場合、一九五〇年代から七〇年代にかけては、旺盛な消費社会によりいくつかの企業が幅広い分野に手を広げました。そして、水平の巨大複合企業が伸長し（ITT、GEなど）、市場の成長とともに巨大さを増しました。当時、それぞれのコンサルティング会社は顧客であるそれら金持ち複合企業に「ポートフォリオ経営」（成長―シェアーマトリクスなど）を紹介しました。しかし、多くの場合、単に「お金持ち企業病」や「大企業病」の症状を現したにすぎません。

七〇年代の後半になると、それぞれの企業があまりにも巨大になりすぎて方針が曖昧となり、GMやIBM、ゼロックスなどに大企業病が顕著になりました。その頃になってやっと競合他社が台頭して、アジア地域との製造競争も生じました。そして、八〇年代に限界に達しました。多くの場合、複合企業のビジネスポートフォリオには戦略的な一貫性がなかったので、結局「ポートフォリオ経営」は実現することなく死んでしまいました。九〇年代に入ってからは、アメリカなどの七〇年代のフェイズのように、日本企業も大企業病に罹って「ポートフォリオ経営」が崩れてしまいました。

ビジネスモデルの賞味期限を知る

複合企業（コングロマリット）の構造が有利に働く場合もたまにあります。重工業、原子力発電所、インフラ関連などは規模と資金と信用が有利に作用します。また、発展途上国の成長期にビジネス機会がどんどん生まれるので、既存大手企業がどんどん新しい事業に参入するケースが多いです。

日本でも成長期に企業がどんどん新しいビジネスに参入しました。テレビから原子力発電所まで手がける「何でも屋」企業が巨大化しました。しかし、そのような大手企業のアティテュードを定義することは無理に近いです。ある面では、結果的にそのような日和見主義が良かったのかもしれません。それが企業や社会の活力の源になったのかもしれません。一方で、戦略的な一貫性がないために、ビジネスモデルが混ざって、大企業病に罹ってしまった。

最近二〇年間ほどの日本企業の「選択と集中」で、それぞれの企業の本来の姿が見えてきました。たとえば、日立製作所の場合（二〇年前に私はたまたま日立のテレビとパソコンを持っていました）、次第に

「日立＝インフラのエンジニアリング」

という姿が見えてきました。ここのところは、日立はデジタルに注目していますが、インフラ関連や重工業でしたら差別化ができるかもしれません。デジタルじゃなくインフラ関連や重工業こそ、現場のノウハウが大事ですから、明確な差別化ポイントになると思います。その点、グーグルやマイクロソフトには真似ができません。

この二〇年間ほどの日本企業の「選択と集中」は、残念ながら、先進的な「戦略的決断」ではなく、多くの場合、後進的な「ギブアップ決断」でした。

成長期には企業はたくさんのビジネス機会を掴もうとしますが、気を付けなければたや

すく「大企業病」に罹ってしまいます。ビジネスモデルが混ざって、戦略的な一貫性がなくなって、企業の存在意義が曖昧になってしまう恐れがあります。

重要なのは、先を読み、競争力やビジネスモデルがいつ限界に達するか、いつ企業構造を変化させせなければならないか、を見据えていなければならないということです。変化させるタイミングが大事です。企業構造やビジネスモデルの「賞味期限」はいつか、をいつも考えていなければなりません。歴史の「被害者」にならないように、市場の現場を理解して、先を読んで、自分の企業を定義して、企業の将来をコントロールしなければなりません。

世界中の事例を見ると、企業がピンチに陥ったり大企業病に罹ったりするときに、企業のＤＮＡ、企業カルチャー、企業の強みに集中して、そのような企業本質に倍賭けすると先の道が拓けてきます。しかし、たまには無理が生じます。私はかつて半導体業界に勤めていました。富士通など日本の半導体企業は、確かにさまざまな世界一の技術や製造方法も持っていました。それならば、その技術の強みに倍賭けしたほうがいいんじゃないか？　結局はだめでした。半導体業界が「技術ゲーム」だけではなく「マネーゲーム」の競争の場となりました。一つの半導体工場が五千億円以上というとんでもない世界になったのです。

つまり、自慢の強みばかりを見ることではなく、市場を理解して、先を読んで、自己認識を持って、企業構造やビジネスモデルの限界や「賞味期限」を理解することが大事だということです。

一貫性やアラインメントがあれば

ポートフォリオビジネスをやりたければ、ポートフォリオの一貫性が必要です。同様に、ボトムアップ経営も悪くないといえます。ただし、ボトムアップをしたいという明確なトップレベルのガイドが必要です。企業カルチャー、企業DNA、価値観、深いミッション、コア・コンピテンス（特技）などの一貫性です。

かつてソニーにはカルチャー系の一貫性がありました。

SONY = cool（素敵さ）+ pioneering（先駆性）でした。

キヤノンにはコア・コンピテンス系の一貫性があります。

Canon = optics（光学）です。

一貫性やアラインメント（整列）があれば、到来する機会に即座に判断、対応ができます。一貫性やアラインメントがあれば、成果を出せる可能性が高い。一貫性やアラインメントは付加価値の源泉です。

キヤノンの主なコンピテンスは光学です。それはキヤノンのアラインメントになります。まとまった投資資金を持っている場合、どこにそれを投資するのが良いでしょうか。コストダウンか、品質向上か、顧客サービスか、納期短縮か、技術力アップか、製造の見直しか……。キヤノンが光学に投資すれば、成果がたぶん出てくるでしょう。なんとかなるでしょう。

３Ｍ（スリーエム）には何万品目もの製品があるかもしれませんが、すべてに一貫性やアラインメントがあります。同社のコア・コンピテンスは界面化学（surface chemistry）です。まとまった投資資金を持っている場合、界面化学に投資すれば、成果がたぶん出てくるでしょう。なんとかなるでしょう。

それは戦略的な一貫性のパワーです。

つまり、Xを企業のコンピテンス、差別化、付加価値とすれば、こうなります。

リソース↓Xへ。

経営幹部の時間↓Xへ。

マーケティングメッセージ↓Xへ。

報酬↓Xへ。

みんなが毎日二四時間Xを考えていると、Xのナンバーワンになるでしょう。

一貫性は「ガイド」のようなものになるので、私はいつも「戦略的なガイド」を強調しています。細かい戦略や計画なんかがなくても、戦略的なガイドさえあれば、社員のガイドとなり、強みがさらに増大します。戦略的なガイドは会社のリソースの分配もガイドして、「やるべきこと」と「やらなくてもいいこと」をガイドします。戦略的なガイドが企業アイデンティティ（本性、独自性）を強化します。顧客も企業のアイデンティティを理解できます。

トップダウンの決定が遅すぎ、現場から距離がありすぎる場合、戦略的なガイドの使用によって、分権化した（decentralized）会社でも一貫性を持つことが可能です。複雑な世の中ではすべてをコントロールすることはできませんが、人間のDNAのように、ガイドからアイデンティティを持っている複雑なものが発生します。従って、ある程度、自社の運命をコントロールできます。

ガイドから次の一歩

いつ頃の話か憶えていないのですが、スイスのアルプス山脈にハンガリー軍の分遣隊が駐屯していました。分遣隊の陸軍中尉は凍る荒野に偵察隊を向かわせた。大雪が降り、二日間偵察隊は戻りませんでした。陸軍中尉は彼らが亡くなったのではないかと恐ろしくなった。しかし、三日目に偵察隊は戻った。彼らは完全に道に迷い、死ぬのを待っていたと説明した。そのとき誰かがポケットの中に地図を見つけた。それは彼らを落ち着かせる効果を生んだ。彼らはテントを張って、嵐を乗り切るまで待った。そして、地図で彼らの位置を確かめたと述べた。陸軍中尉は「地図を見せてくれ」と言った。陸軍中尉は地図を見て、「これはアルプス山脈の地図じゃない！　これは（フランスとスペインの国境にあるピレネー山脈の地図だ！」と叫んだ。

実際のところはすべての山脈に共通の特徴があるので助かったわけですが、重要なのはガイドポストが次の一歩をガイドするということです。間違ったガイドポストであっても、ガイドポストはみんなを方向付けて、一歩先に行くことができます。そして、状況を再評価し、次の一歩を再考することができます。ガイドポストがなければ、誰も動かず「どうしょう……どうしょう……」という状況に陥って、命を落としてしまう。

日本企業の強いエンジニアリング力（特に重工業や大きな投資案件など）は、長期的な観点を持って慎重に検討することが当然とされ、そのことが強みになっていると思います。一方で、いくつかの日本メーカーが「慎重に検討」というよりも「どうしょう……どうしょう……」という状況に陥っているケースをよく見ました。特に戦略的なガイドがない「何でも屋さん」で顧客・市場をあまり理解していない場合は、当然「どうしょう……どうしょう……」状況となって、経営判断が遅くなります。

市場を理解した上で、戦略的なガイドや戦略的な一貫性があれば、次のステップ、次の判断がより楽になります。

次に、戦略的なガイドや戦略的な一貫性の例を見てみましょう。

ＩＢＭ＝Reliability（信頼性）＋Robustness（強壮性）

同社は製品からサービスにシフトしましたが、キーはサービスではありません。製品やサービスよりもむしろ、ＩＢＭの実際の「提供物」は「信頼性＋強壮性」です。それは戦略的なレベルの考え方です。あなたの会社のＤＮＡや戦略的な一貫性が「信頼性＋強壮性」でなければ、ＩＢＭとの直接比較はやめてください。そして、ＩＢＭを直接コピーするのはやめてください。

先ほど日立が「選択と集中」で変わったと書きましたが、先日、日立のウェブサイトにある量子コンピュータ関係記事を読んでいたら、同じページに洗濯機関係記事もありました。量子コンピュータと洗濯機。何かすごいですが、戦略的な一貫性は無理じゃないか。私は日立を尊敬しています。総合メーカーとしての全体能力を尊敬しています（本当に、量子コンピュータから洗濯機までというのはすごいことです）が、ビジネス的にもブランド面でも限界があります。

一貫性と競争力の関係

日本では「がんばる」という言葉をよく聞きます。しかし、がんばっても成功しないかもしれません。無理があるからです。プロ野球選手がいくらかがんばっても、たぶんサッカーのプロ選手にはなれないでしょう。必要なトレーニング（研究開発）、スキル、特技（コンピテンス）、食生活（リソース）、筋肉の使い方（やり方）などがまったく違うからです。そんなスポーツ選手のように、一つの組織ではできないので、トレードオフ（選択）が必要です。

一つの組織が複数のビジネスモデルを持っているとしたら、競争力が低下します。したがって、企業の財務結果を見なくても、企業の構造と組織だけを見れば、将来の利益性がわかります。

複数のビジネスモデルが混ざっている場合、その「がんばる」は無駄になります。他社のビジネスモデルとの競争で日本のメーカーが注目するＱＣＤ（品質、コスト、納期）や、生産性、売上アップなどの対策には限界があります。競争する他社は違うゲームをやっているからです。他社は独自の戦略一貫性や、企業カルチャー、アティテュードで競争しているかもしれません。戦略的な一貫性がない場合、複数のビジネスモデルが混ざっていると、当然のことながら投資回収（ＲＯＩ）や利益性が低くなります。赤字も出ます。

戦略的な一貫性とビジネスモデルにちゃんとした「選択と集中」が欠けている例を見ましょう。半導体会社の事例ですが、かつてアメリカの多国籍業アナログ・デバイセズ(Analog Devices) が生産性、品質、製造改善の強化に集中しました。そして実際に、ものすごい改善を達成しました。欠陥は五〇〇ＰＰＭから五〇ＰＰＭに減って、平均歩留まりは二六%から五一%改善、サイクル時間は一五週間から八週間に減って、納期を守る率は七〇%から九六%の改善がありました。しかし、そうした面が良くなったと同時に、全体の業績はさらに悪化しました。三年間にわたって全体の業績が落ち続けました。どうしてでしょうか?

結局のところ、問題は戦略的な「ずれ」でした。同社の提供価値、付加価値、差別化の源泉は「製品の優位性」でした。つまり、特化した技術、技術的な差別化、高性能などに裏打ちされた製品です。オペレーションズの改善が良いと思われるかもしれませんが、同社は会社の大事な差別化、付加価値の源泉を軽視しました。そのように「がんばっても」全体の結果が悪くなるかもしれません。

これはトレードオフと「選択と集中」の問題です。どこに集中するか。どんなビジネスモデルに集中するか。

日本人は「がんばる」という言葉が好きですね。工場の場合、「がんばれば」少なくとも「もの」はどんどんつくれます。しかし、経営は違います。「がんばれば」ビジネス面で悪化するかもしれません。

特に、日本のメーカーはＱＣＤ（品質、コスト、納期）や生産性を中心に努力しています。しかし、会社の本当の差別化や提供価値の源泉は何か。企業ＤＮＡ、企業カルチャー、社員の情熱、特技などです。それらがＱＣＤや生産性よりも大事になります。つまりは、本質。「プロセス」より「中身」です。

一貫性と企業カルチャー

混ざっているブランドイメージに注意しなければならない典型例は、富士フイルムです。社名の通りもともと写真フィルムに始まり、カメラ、電子部品、化学製品、コピー機などを手がけるようになりました。最近では「アスタリフト」「ナノフィルト」のような化粧品や「メタバリア」「オキシバリア」のようなサプリメントも扱っています。医療や製薬の分野にも進出しています。日本では「アスタリフト」の広告に富士フイルムの社名も出るし、「アスタリフト」は富士フイルムのウェブサイトにも載っています。海外ではそんなことはできません。ブランドイメージが混ざってしまうからです。確か、海外では富士フイルムのウェブサイトではなく、ちゃんと「アスタリフト」の専用ウェブサイトになっています。とはいえ、そのウエブページの下に「Copyright FUJIFILM Corporation」と記されています。ばれちゃうかもしれません。ブランドイメージが混ざってしまうかもしれません。富士フイルムの写真フィルムやカメラを憶えている人がまだいるし、すてきな化粧のブランドイメージがコピー機、電子部品、化学製品のイメージに混ざる恐れがあります。

東芝や日立のような「何でも屋さん」に比べて、富士フイルムはちょっとおもむきが違います。それぞれの分野のビジネスを成功させ、それぞれの特徴ある製品を提供しています。実際、富士フイルムのように強みをいろいろな事業に活かすのは、私が日本企業を好きなポイントです。

富士フイルムにはある程度の一貫性があります。コア・コンピタンス（組織の核となる能力や強み）は光学関係材料で、ほとんどのビジネスは光学関係材料から派生しました。それぞれのビジネスはある程度の一貫性がありますが、問題はブランドイメージに注意しなければならないということです。カメラ、コピー機、電子部品、化学製品、化粧品、薬品……ブランドイメージが混ざっています。こうした場合、同じ社名を使わず違うブランド名を使ってもいいはずです。子会社の社名も「富士フイルム××××」に統一されていますが、全然違う社名を使ってもいいはずです。

特に海外でのブランド問題の裏には、より深刻な問題が潜んでいるかもしれません。企業が技術者重視でマーケティングやブランディングが下手だとしたら、その裏で、実際には顧客を理解していないんじゃないかという疑念が生じるかもしれません。特に海外では、顧客にとってブランドイメージがどのくらい混ざっているか、それがどのくらいまずいか、日本企業は認識していないみたいです。顧客を理解していないことはブランディングより深刻な問題だと思います。

富士フイルムはある程度、一貫性があるかもしれませんが、ある程度の一貫性があっても、違う注意が必要です。それは企業のカルチャーやＤＮＡです。企業のカルチャー（日常的な考え方や態度）やＤＮＡによって、合うビジネスと合わないビジネスがあります。

富士フイルムの材料開発やエンジニアリングのカルチャーから写真フィルム、カメラ、電子部品、コピー機、化学製品が生まれました。一方で、化粧品、製薬、ヘルスケアなどの事業の場合、人間の体内の複雑な生物学や医療学、さらにはその複雑な環境における安全性が重要になります。

ここで指摘しているのは専門知識（生物学・医療学）の問題ではなく、企業カルチャーの問題です。以前からの日常的な考え方や態度は新しいビジネスに適合するのかどうかということです。

富士フイルムの以前からの材料開発やエンジニアリングのカルチャーから生まれる材料は物理的にすばらしいかもしれませんが、二〇〜三〇年間にわたって人間の体に入る材料としてはだいじょうぶなのか、安全なのかという課題です。人間の体や生物学の世界なので、全然違う考え方が必要だし、組織のカルチャーの重点や大事にするポイントが違わなければなりません。単なるブランディングやマーケティングというよりも、もっと深い企業の本質です。「組織のカルチャーの重点」や「組織が大事にするポイント」は重要な一貫性です。顧客の命だけではなく企業の命に関わるものです。

すみません、私はナノ技術の世界から出発したので、自然にいつもその分子レベルを考えています。私はいつも半分冗談で、男性としてナノ粒子などが入っている化粧品の安全性を気にすると言っています。私たち男性が女性の肌にキスするので、化粧品を「食べている」からです。

「殺す化学」と食品・化粧品

洗剤、シャンプーなどの日用品を提供している花王は、私には「界面活性剤会社」と感じられます。しかし、以前には食用油も製造・販売していました。二〇〇九年まで提供していた「エコナ」という食用油は、発がん性リスクがある物質が入っていたことが判明しました（当時私も使っていましたので、ただちに捨てました）。また、花王が二〇〇六年に買収したカネボウ化粧品もその数年後に皮膚への被害事例が判明しました。花王の企業スピードでは市場への導入が速すぎたみたいですが、その企業カルチャーは「人間の生物学」や「人間の安全性」にどのぐらいの重点が置かれているのでしょうか。そのような問題が出ても私はびっくりしませんでした。そもそも、「界面活性剤会社」が食品や化粧品を提供するのには注意が必要なのではないかと思います。企業カルチャーの重点や大事にするポイントは何か。「界面活性剤学」か「人間の生物学」か。必要とされる考え方が全然違います。

私にとって、アース製薬のイメージはまだ「殺虫剤会社」です。しかし、現在では入浴剤、オーラルケアなど人間の体に触れる製品や美容ゼリーなど体に摂取する製品も多く製造・販売しています。これはまずい。混ざっているイメージの問題があります。私は「殺虫剤会社」のつくった入浴剤をお風呂に入れたいとはあまり思いませんが、ここで語りたいのは、企業カルチャーの問題です。

安全性は全然問題ないかもしれませんが、「組織のカルチャーの重点」と「組織が大事にするポイント」はどうなっているでしょうか。つまり、「菌を殺す、ウイルスを殺す、細胞を殺す」重点の企業カルチャーを持っている企業が、本当の「人間の安全性」カルチャーを同時に実現できるでしょうか。人間の生物学・医療学や二〇〜三〇年間にわたって体内の複雑な生物学への影響を重視するカルチャーは、単純な化学「殺虫剤」カルチャーとは全然違います。一方で、アース製薬の買収に応じて子会社になったバスクリンを尊敬します。しかし、アース製薬とバスクリンのイメージと企業カルチャーを混ぜないほうがいいかもしれません。

企業カルチャーが事業にあまり合わないといえば、アメリカのバイオ化学メーカーであるモンサント（二〇一八年にドイツのバイエルが買収）が頭に浮かびます。もともとは化学会社で、強力な殺虫剤や除草剤を開発して販売しました。結局、結果的には、それぞれの製品が二〇世紀の恥ずべき物質でした。DDT、PCB、除草剤の「ラウンドアップ」、通称オレンジ剤とも呼ばれたベトナム戦争で使われた枯れ葉剤……。それぞれの製品からひどい人的被害が発生しました。今も除草剤関係では大きな裁判が続いています。そのモンサントが大豆、コーンなどの種子ビジネスに参入しました。

除草剤と種子がセットとなって、三〇％くらいの市場シェアを持っていました。人工甘味剤の事業にも参入しました。当初から安全性に疑問が付きまとっていました。その「化学企業」のカルチャー、特に「殺す化学」のカルチャーは種のビジネスや人工甘味剤に合うでしょうか。人間の生物学や長期的に複雑な体への影響、安全性が基本理念になりますが、組織のカルチャーの重点や大事にするポイントとは違うのではないでしょうか。

つまり、技術力やマーケティング力だけじゃなくて、結局は、組織のカルチャーも同じくらい、あるいはそれ以上に大事だということです。企業DNA、企業カルチャー、社員の情熱、戦略的な一貫性は付加価値、提供価値、差別化の源泉なので、できるだけそれらを戦略のベース（土台）にしたほうが賢明です。

「日本の企業には哲学がない」

――西村和哉

第5章

戦略とは何かを考える

独自のストーリーを持っているか

簡単に考えましょう

私は戦略というものをいつも簡単に考えます。

戦略＝独自の「差別化、競争力、儲かる、付加価値」ストーリー

戦略や戦略的なガイドをつくるとき、次のような「あなたの独自のストーリー」を確認する簡単な質問は、チェック事項になります。

・差別化ストーリーはどうなっていますか？
・競争力ストーリーはどうなっていますか？
・付加価値ストーリーはどうなっていますか？
・儲かるストーリーはどうなっていますか？

内部の「自慢ストーリー」にならないように、毎日ストーリーが市場に合うかどうかをチェックしなければなりません。

戦略の源泉は企業ＤＮＡや企業カルチャーです。企業ＤＮＡや企業カルチャーを使えば、独自のものがたぶん生まれます。差別化と競争力もたぶん生まれます。

経営も簡単に考えましょう。

まず、顧客（潜在的な顧客を含む）がいます。顧客がいなければ話になりません。そして、その顧客にすばらしい、独特の何か（ワオ！）を提供しなければなりません。

簡単に、経営の秘訣は二つだけです。

経営＝「顧客・市場理解」＋「独自ワオ！」

それに向けて、前記の戦略質問を投げかけます。

利益の推進力になるもの

会社がどんなものであるか、会社の存在意義は何か、という点は利益性に大きな影響があります。さまざまなサーベイの結果を見れば、会社の利益の推進力となるファクターと利益源のトレンドが見えます。企業状況や市場状況によって異なると思いますが、それぞれの調査結果（PIMS Survey など）を見ると、次のような傾向が見えます。

利益の推進力となる要因（％は利益性への貢献度）
（一）戦略的な面：七五％（戦略的な一貫性、ポジショニングなど）
（二）オペレーティングの効率性：一五％（効率性、生産性、コストダウン、数字重視など）
（三）幸運（Luck）：一〇％（ウイルス感染によってマスクメーカーが大繁盛など）

大ざっぱにこのような傾向と感じます（実際は「幸運」の比率がもうちょっと高いかもしれませんね）。

残念ながら、多くの日本の企業（特にメーカー）は「オペレーティングの効率性」という一五％のセグメントを中心に活動しています。七五％の「戦略的な面」のセグメントにあまり触れていません。しかし、この七五％のセグメントでの努力は利益を大きく増大させる影響力があります。

もったいない！

日本の企業は大変な努力をしていますが、主に一五％のセグメントを中心にしているので、利益への効果・効力が小さいのです。従って、多くの日本の企業（特にメーカー）の利益性が低いのはそのためです。通常、日本は「利益なしゾーン」と特徴付けられています。利益はすべてではありません（あなたにとって顧客が第一かもしれません）が、生き残るためには利益が必要です。

一般的に、日本には「よく努力すれば、結果が出てくる」という考え方があります。しかし、この考え方は正しくありません。大変な努力をしても、何も出てこないかもしれません。より深い、戦略的な努力へのフォーカスがなければ、努力から何も出てこないかもしれません。

〈クイックチェック〉

・あなたの努力はどこに注がれていますか？
・一日の仕事であなたは各セグメントにどのくらい時間を費やしていますか？
戦略的な面……七五％？
オペレーティングの効率性……一五％？

あなたの努力は利益に大きな効果・効力をもたらすか？

「利益＝市場価値」へのシフト

「運営的なリスク」と「戦略的なリスク」を考えましょう。運営的なリスクは運営におけるそれぞれのリスク。欠陥、コスト、納期、価格、商談、景気などに関するリスクです。

戦略的なリスクは企業カルチャー、提供価値選択、企業価値観、市場選択、製品選択、顧客選択、販売チャネル選択などに関するリスクです。

世界中の経営幹部は運営リスクによく注目していますね。リスクマネージメントの分野においても、最近までほとんど運営リスク中心でした。

しかし、実際には多くの場合、戦略的なリスクは運営的なリスクよりも大きいです。次図のてこの力のように、企業カルチャー、提供価値、市場、製品などの選択は非常に大きな影響を及ぼします。

あるビジネスプランや計画に、次ページの図のように、売上や利益の予測が入っていま

「利益＝市場価値」へのシフト

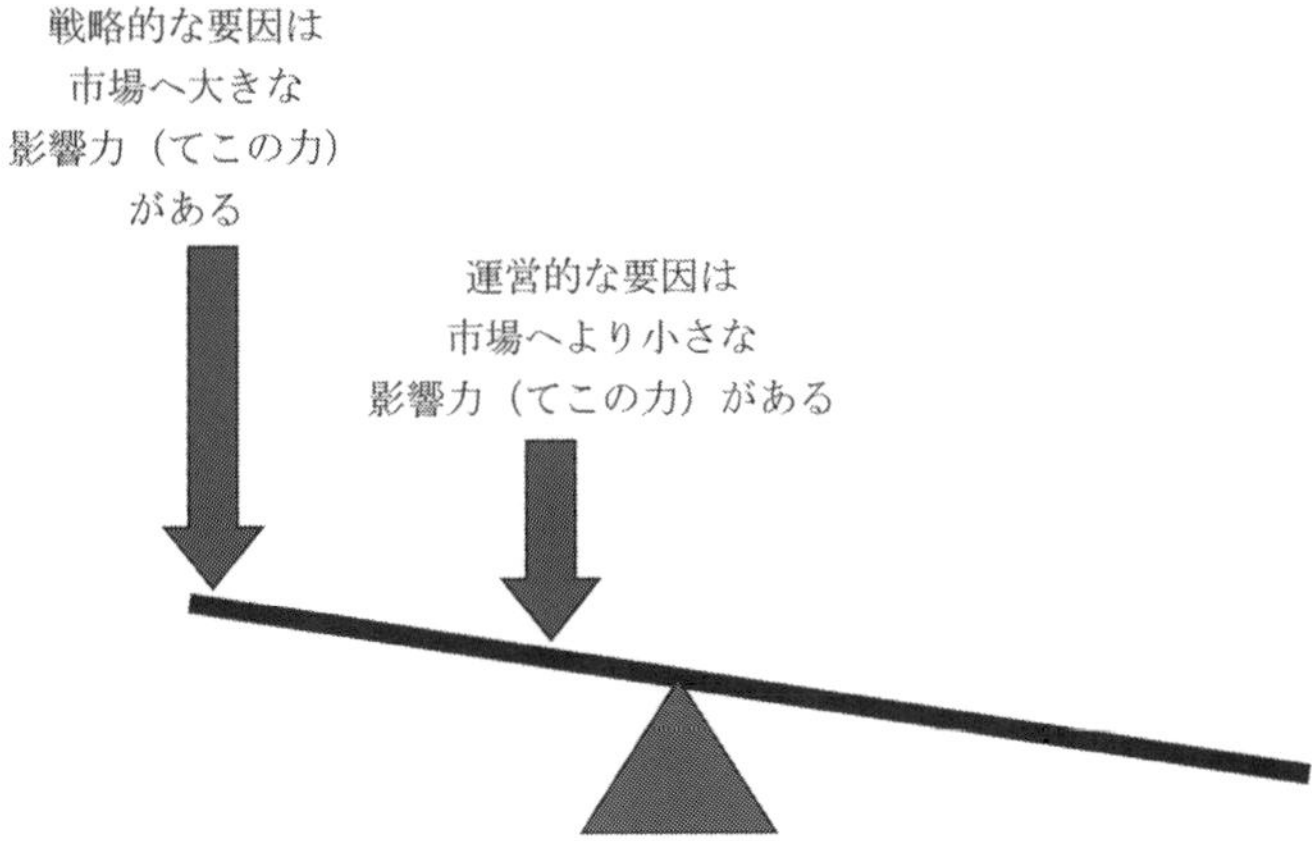
戦略的な要因は
市場へ大きな
影響力（てこの力）
がある
運営的な要因は
市場へより小さな
影響力（てこの力）がある

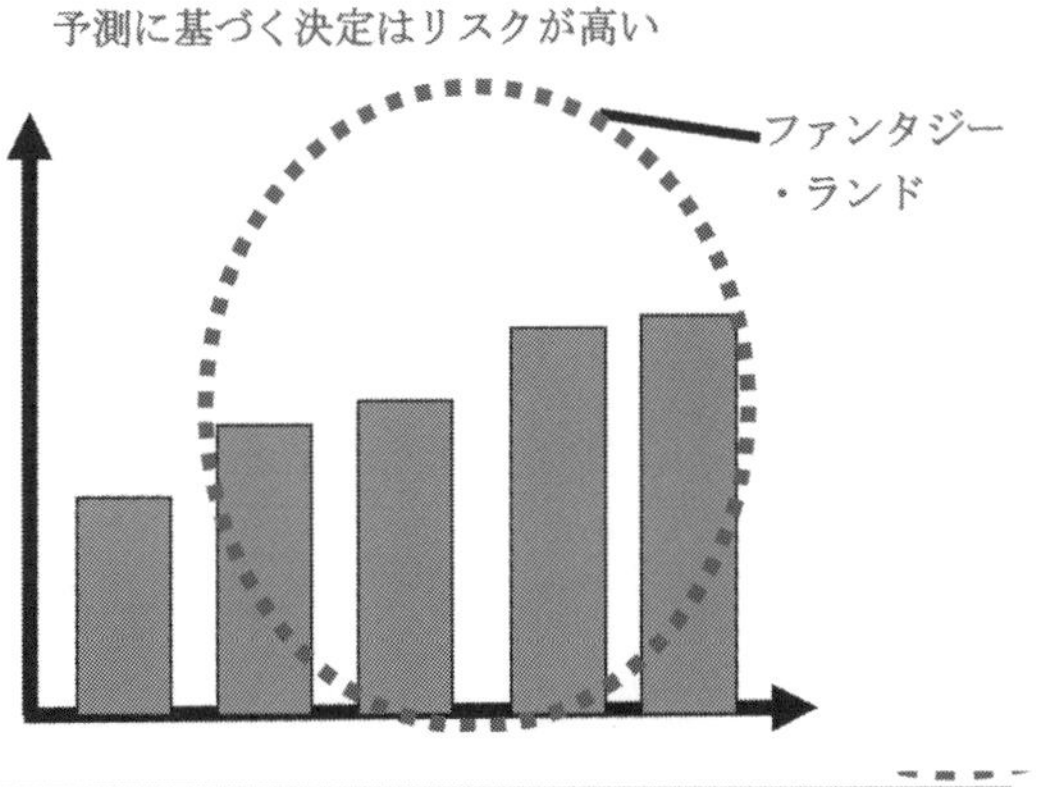
予測に基づく決定はリスクが高い
ファンタジー
・ランド

	2023	2024	2025	2026	2027
売上予測	150	191	225	291	305
利益予測	5	8	7	9	12

す。しかし、その将来はまったく出てこないかもしれません。その計画は単なるファンタジーにすぎないかもしれません。

したがって、予測に基づく決定はリスクが高いため、一九七〇年代からプランニング（計画）中心というやり方が衰退し、戦略的ガイドに基づく決定へとシフトしてきました。

つまり、単なる市場規模や利益ではなく、まず戦略的な一貫性があるか。

「利益」＝「売上」－「コスト」

という考え方ではなく（売上やコスト中心になってしまうから）

「利益」＝「市場価値」

という考え方への移行です。つまり、提供価値や戦略的な選択肢へ。

市場を見ると、それぞれのトレンド（ビジネス、技術、顧客など）があります。競合他社の動き、企業内部の状況、顧客の動き、ビジネス環境の変更……もある。その中で、当然、市場予測に基づく計画のリスクが高いです。一方、こうしたカオスの中で、どうやって進む道を見つけるのでしょうか。カオスから道やパターンを引き出すためには、戦略的な考え方が必要です。

戦略的な考え方には「分析」と「合成」が必要

「戦略的」という言葉が出ましたね。

経営関係では、「戦略的」には「本質（Essence）」「深い意義」「重要」「キーとなる」のような意味があります。戦略的な考え方に立てば、社内だけの見方ではなく広い視野で「生の現実（リアリティ）」を見て、現場との「ずれ」を発見できます。戦略的な考え方で、カオスから御社の将来の本質や重要な要因を引き出すことができます。

簡単に考えましょう。

私は八〜九歳くらいから組織の「戦略的な分析」を始めました（両親の教会など）。もちろん、その歳で私は「戦略」という言葉を知りませんでした。教科書、戦略ツール、複雑な理論なんかも知りませんでした。そんなものは、いりません。

一方、エンジニアであった私のお父さんは私の戦略的な話をあまり理解できませんでした。ポイントは人材ミックスで、これが大事です。つまり、あなたのチームにそれぞれ異

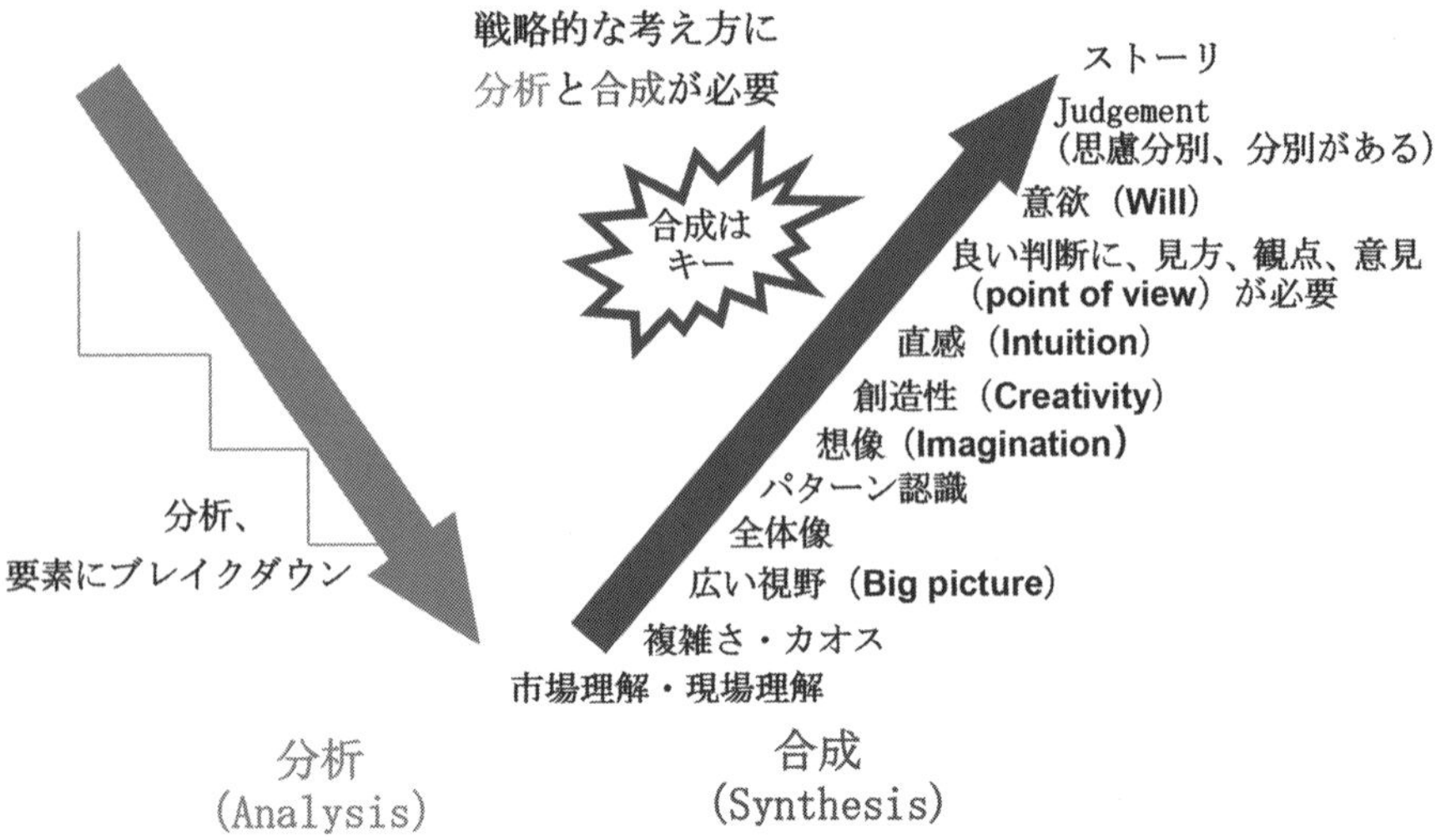

なる考え方を持っている人を入れてください（また、七章で人材ミックスに言及します）。

戦略的な考え方には、上図のように「分析」と「合成」が必要です。特に「合成」がキーとなります。簡単にいえば、「分析」は要素にブレークダウンすることで、「合成」は全体像を見ることです。将来がまだ存在していないので、「合成」の考え方が大事となります。「合成」によく使う考え方のキーワード（全体像、パターン認識など）を上図にリストアップしました。

先の戦略に関する質問、たとえば

「差別化ストーリーはどうなっていますか？」

「競争力ストーリーはどうなっていますか？」

に答えるためには、広い視野が必要です。広い視野がなければ、何が「競争力」か、何が「差別化」か、あまり判断できません。「分析」はよく使う方法で、課題や状況の要素にブレークダウン（「なぜなぜ分析」手法など）して、要因や原因を探します。エンジニアであった私のお父さんの場合、課題の分解などの「分析」は上手でした。しかし、「合成」のほうは弱いので、必要性さえも理解できませんでした。

ＱＣＤを「がんばる」だけでいいのか

製造やエンジニアリング中心のメーカーがよく課題を要素にブレークダウンします（コンサルタントも要素のブレークダウン法が大好きです）。単純に物理的なものや製造不良の原因追求の場合、この方法は有効です。しかし、ビジネスの場合、これとは違う対応が必要です。

ブレークダウンを進めると、メーカーで通常化しているＱＣＤ（品質、コスト、納期）の要素の一つになってしまいます。そして、みんなが「さらにＱＣＤをがんばりましょう」

と宣言します。しかし、実際の課題の源泉は逆方向で、より広い視野に存在するかもしれません。「戦略がない」し「ビジネスモデルが混ざっている」ので、他社と競争できないかもしれません。根本の問題や要因を掘り出さないと、永久にQCDを「がんばる」だけとなります。われわれが経験した失われた二五年のように無理があります。もったいない！

将来の「前提」や「価値観」が全然違うかもしれませんので、ロジカルシンキングはあまり使われません。将来がまだ存在していないので、あなたが想像できないことも入っているかもしれません。また、課題・要素がまだ存在していないかもしれないので、要素のブレークダウンもできません。こういう場合は広い視野、深い質問、直感、想像、ジャッジメントなどが有効です。

ちなみに、このジャッジメント（judgement）のニュアンスは単なる「判断力」という意味ではなく「思慮分別」「分別がある」のように「見方」や「観点」を持って判断する能力のことです。将来の数字がまだ存在しないので、ある「見方」「観点」「意見」が大事になります。同時に、第4章に紹介したように、組織の戦略的なガイドや戦略的な一貫性もとても大事です。本当に将来向けてのガイドとなります。つまり、戦略的な考え方の場合、ブレークダウン（なぜ……なぜ……）の質問よりも、想像的な「視野の拡大」に向けた質問が必要です。

実際、私は日本に来て、ロジカルシンキングに多くの人が注目しているのにびっくりしました。「海外ではロジカルシンキングが大事」といったコメントもよく聞きました。本当かと思いました。これは、日本のコンサルタントの影響かしら。コンサルタントはビジネスの文脈（中身）をよく知らないので、フレームワークやプロセス、方法論、ロジカルなブレークダウンなどへ注目を向けてしまう傾向があります。結局、日本にはエンジニアの影響が強いので、エンジニアの元々のロジカルシンキングが強すぎるかもしれません。

人材ミックスが大事です。あなたのチームに特に「合成」のほうに関する考え方を持った人物を入れてください。

広い視野を持ち現場に通じた人材を

八～九歳のとき私は何をやったか？

広い視野で見て、現場と比較して、問うことをしました。

前記のような簡単な質問（差別化ストーリーはどうなっているか？）から始まっていいのです。戦略を立案するとき、そのような簡単な質問から考えましょう。そのような質問に答えるためには、広い視野が必要です。同時に現場（社内現場、顧客現場）の理解も必要です。

そのための簡単な対策の一つは、自分のチームの中に広い視野を見る役割を持つ（広い視野に似合う）一人をアサインすることです。「どうしてこの事業をやっているか」までうるさく質問する一人をアサインすることもできます。または、議論や提案の妥当性を試すためにわざと反対意見を述べる一人（devil's advocate）をアサインします。あなたの組織に「うるさい、めんどうくさいやつ」が必ずいるはずです。

戦略や経営方針を作成するときも、できればリアリティ（現場）に近い人を使ってください。経営幹部がたまにリアリティとずれている傾向がありますが、多くの場合、現場の人たちはすでに「ずれ」や課題を認識しているし、毎日厳しいリアリティと対峙しています。一方で、戦略企画室のような部署は通常はリアリティから遠いので、「戦略」というのはあまり適当な部署ではありません。しかも、企画の考え方がしばしば戦略的な考え方を殺します。ぜひ現場のみんなを使ってください。

「広い視野」や「将来」という言葉を使っていますが、いうまでもなく「現場（社内現場、顧客現場）」も大事です。それらの「ずれ」がキーとなります。その「ずれ」は絶好の機会になるかもしれません。脅威になるかもしれません。

例えば、一九八七年に私が日本企業を注目しました（その時期、ぼろぼろのXerox、GM、Polaroid等にも注目しました）。当時、日本メーカーには、すごい技術、エンジニアリング、品質がありました。その半面で、顧客理解・市場理解、経営面が弱いんじゃないかと思いました。何でも屋さんで戦略がないようにも見えました。つまりは、「ずれ」を取り出したわけです。そして、その一九八七年時点での「ずれ」を時間軸上に伸ばしました。一〇年後、二〇年後にどうなるかと考えたのです。提供価値が変わる。競合環境が変わる。顧客が変わる。必ず大企業病も発生する。そうした弱みがピンチになるんじゃないか、本当の競争相手が出るとやばいんじゃないかと思いました。

現場を理解し将来を創造する経営

一九八〇年代から九〇年代初めにかけて、日本メーカーが戦略的に考えて「ずれ」を掘り出していたら、本当の強みと差別化は製造やエンジニアリングと認識していたら、Ｂ to Ｃ（企業と一般消費者）をやめて設計・製造委託に集中するという選択肢もあったはずです。台湾の受託企業である台湾積体電路製造（ＴＳＭＣ）やフォックスコン、あるいはカナダの自動車部品受託企業であるマグナ・インターナショナルに先駆けて、世界が日本メーカーに製造を委託するというシナリオもあったかもしれません。製造委託の場合はけたはずれの大量生産となるから、韓国大手企業の九〇年代からのアグレッシブな投資に耐えられたかもしれません。

歴史的なシナリオを振り返ることはファンタジーに傾きかけるので、やめましょう。成功したかどうかはわかりませんが、ポイントはそのような戦略的な選択肢があったはずだということです。

この本は主に「提供価値」に注目していますので、戦略と戦略的な考え方をざっと見渡しました。「価値を形にする」に向けて、前記のようにキーになる質問は次のようなものです。

戦略＝独自の「差別化、競争力、儲かる、付加価値」ストーリーにとって、あなたの独自のストーリーに――

・差別化ストーリーはどうなっていますか？
・競争力ストーリーはどうなっていますか？
・付加価値ストーリーはどうなっていますか？
・儲かるストーリーはどうなっていますか？

結局、必要なのは、

「現場・将来を理解する」＋「将来を創造する」

――将来がまだ存在していないので、将来を「管理する」ことはできません。したがって、経営が必須です。

「私たちは自分たちの戦略的な美辞麗句にだまされました。しかし、最前線にいる人たちは、私たちがメモリーチップから撤退しなければならないことを知っていました。人々は指先で戦略を策定します。私たちのもっとも重要な戦略決定は、明確な企業ビジョンに応じてではなく、本当に何が起きつつあるかを知っている最前線のマネージャーたちのマーケティングと投資の決定によって行なわれました」

――アンディ・グローブ（インテル元会長兼ＣＥＯ）

第6章

管理はあるが経営がない

将来や顧客は管理できない

本当のグローバルビジネスができない日本企業

日本で私は「管理はあるが経営がない」とよく言っています。製造重視の日本メーカーにその傾向がありますし、大企業病にもその匂いがあります。

エンジニアリング、製造、管理がすぐれているので、工場から良い値段のすばらしい製品が大量に生産されます。売れないかもしれません。儲からないかもしれません。しかし、管理は一流です。

しかし、将来を管理できません。顧客を管理できません。したがって、経営が必須です。顧客・市場を理解しながら、企業カルチャー、独自提供価値などをコントロールしながら、将来を創造しなければなりません。

あるシステム（環境、文脈）の中では、通常日本人はシステムをフォローする傾向があるので、経営はあまり必要とされなかったかもしれません。企業だけの話ではなく、日常の生活においても、日本ではみんなが定番のやり方をよくフォローします。オーストラリアには定番のやり方がなくて、一人一人が自分の頭を使って判断します。日本よりも選択の自由度があると感じます。多くの場合、定番のやり方が楽かもしれませんが、オーストラリアでは誰もが、単にあるシステムをフォローするのではなく、「理由は何?」、「このやり方はどう?」などとよく質問します。

つまり、日本の現場に管理はありますが、経営があまりないケースが多いと感じます。結果として、経営の経験が少ないかもしれません。

ある意味で、管理はシステム(環境、文脈)の中で行ないます。経営とは連続的にシステムをつくることです。しかし、環境が変わったりグローバルビジネスを進めたりする際に、経営がないことは日本企業の大きな問題です。多くの日本企業は本当のグローバルビジネスができていません。ほとんどはある内部システムから輸出することだけです。

日本企業とその海外子会社が同じシステム(環境、文脈)であったなら、管理できるかもしれません。しかし、海外の子会社のシステム(文脈)が違うので、管理できません。つまり、経営が必須です。

多くの場合、日本企業は経営がないので、グローバルビジネスをうまくやることができていません。海外だけではありません。九〇年代から、日本国内にも以前からあった「システム」の有効性がだんだん弱くなりました。

企業はますます複雑化していく環境に対応しなければなりません。市場、組織、技術、それぞれのトレンド、人間などの複雑さに対応しなければなりません。「管理」できないものばかりです。経営はその複雑さからパフォーマンスを引き出します。

経営のツールとして何が必要か

現場では自分の頭を使って適切な経営をつくらなければなりません。あなたの経験、勉強、知識、直感、創造力などからつくらなければなりません。企業カルチャー、企業DNA、戦略的な一貫性、市場・顧客理解が大事なガイドとなります。

つまり、「日本の経営スタイル」ではなく、「アメリカの経営スタイル」でもなく、「ゼネラルエレクトリック社の経営スタイル」でもない。今日、5月12日にあなたの会社にとって、適切な経営スタイルをつくらなければならないということです。

経営のツールとして何が必要か

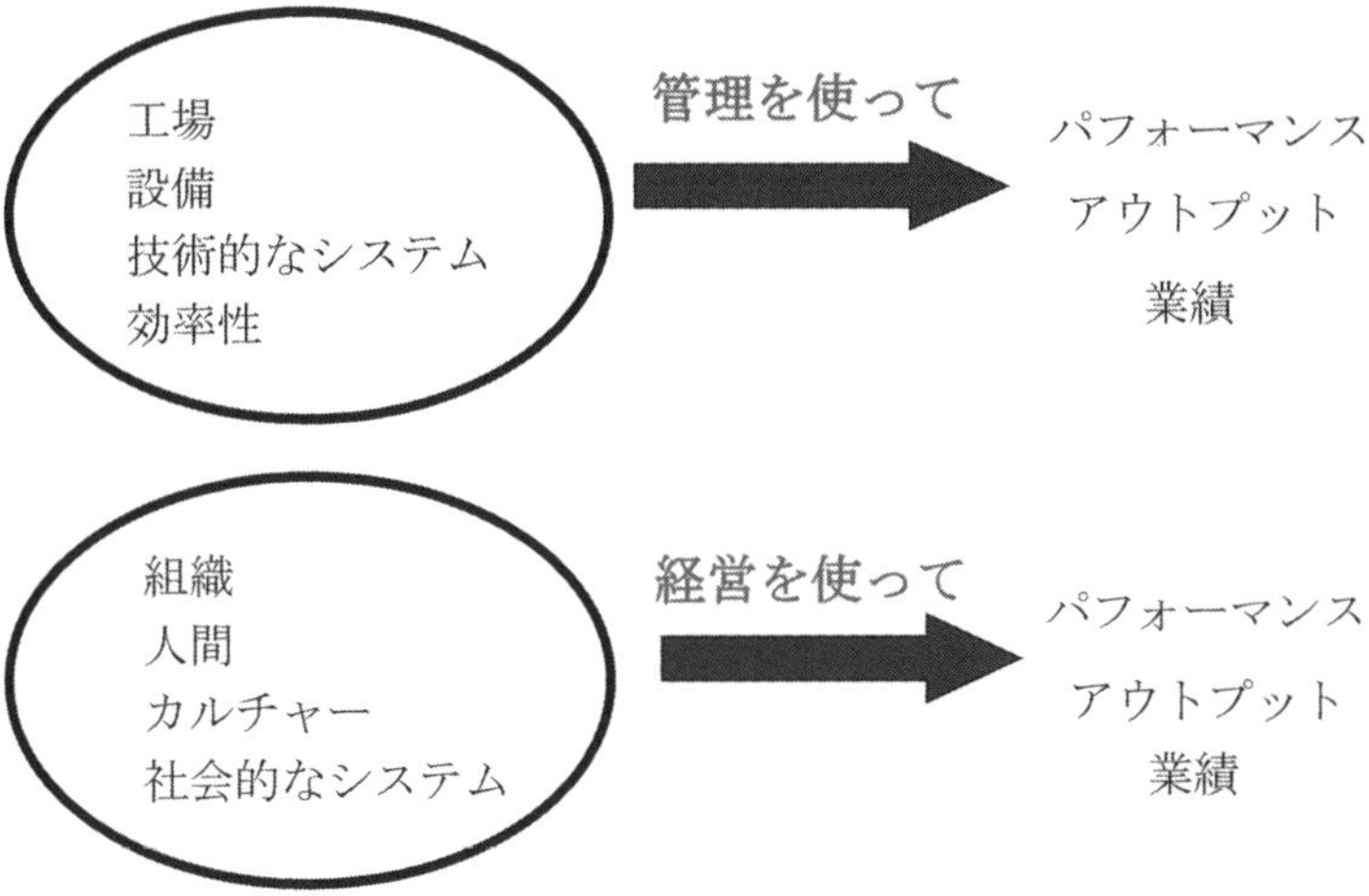

上図に示したように、日本企業は管理を上手に使って、工場、設備、技術的なシステム、効率性からパフォーマンス、アウトプット、業績を上手につくり出しています。しかし、（特に海外で）組織、人間、企業カルチャー、社会的なシステムからパフォーマンス、アウトプット、業績を生み出すことに関しては弱いのです。

そこで経営が必須です。経営がなければ、組織や人間からパフォーマンスが解放できません。

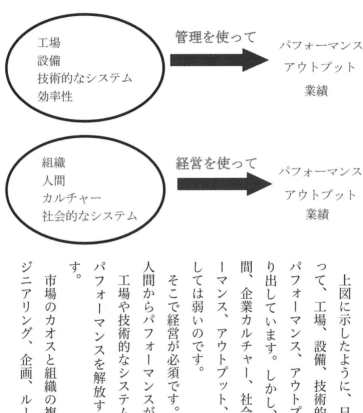

工場や技術的なシステムに比べて、組織や人間のパフォーマンスを解放する方法は一八〇度違います。

市場のカオスと組織の複雑さに対して、組織エンジニアリング、企画、ルールはあまり効果的ではあ

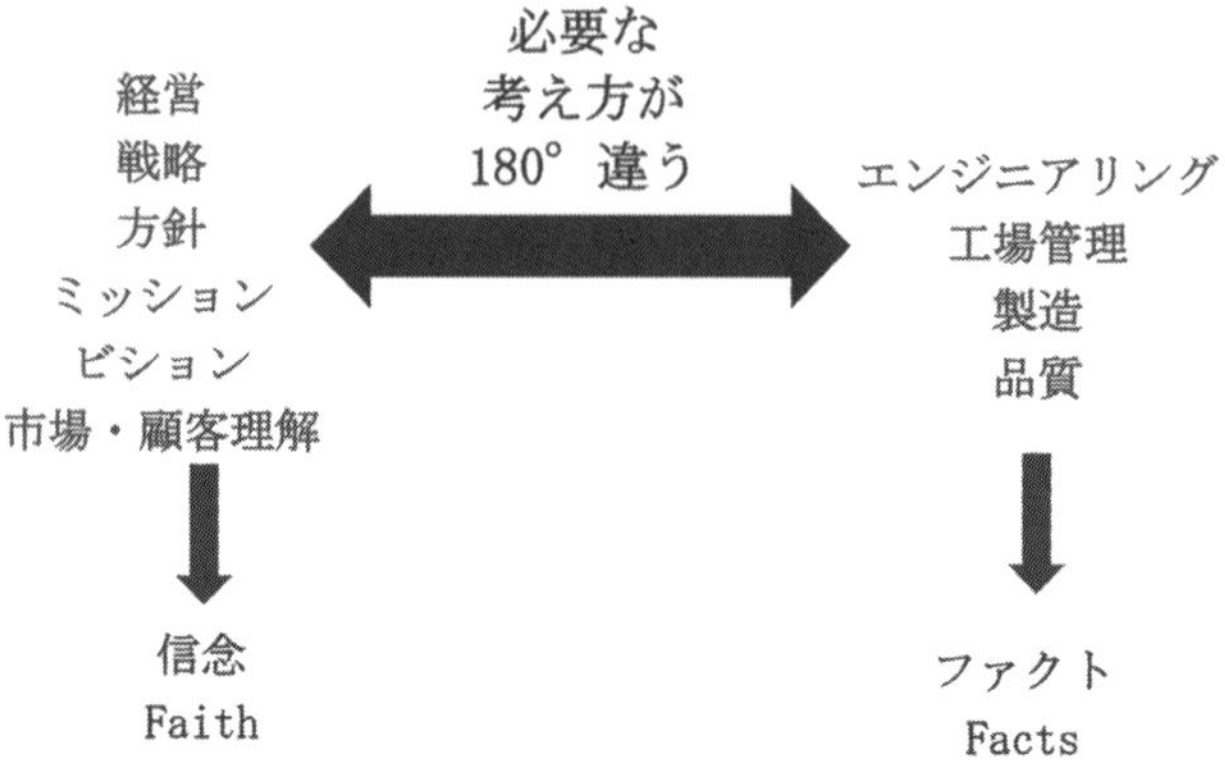

りません。そのカオスと複雑さの中では、ガイドとして企業ＤＮＡ、企業カルチャー、価値観、情熱、戦略的なガイド、ミッション、ビジョンなどが有効です。それらは経営のツールです。

管理と違って、経営にはルールやフォーミュラ（公式）がありません。自分の頭の中から適切な経営スタイルを創造しなければなりません。ふさわしい環境づくりによって対応しなければなりません。

グローバルビジネスのためには、経営の対応は特にローカル（地域的）である必要があります。究極の例では、宇宙人があなたのチームに入ったとしても、マネージャーは対応しなければなりません。実際、子供を育てることはマネージャーとしての良いトレーニングであると思います。言語が通じないの

読者カード

青山ライフ出版の本をご購入いただき、どうもありがとうございます。

●本書の書名

●ご購入店は

・本書を購入された動機をお聞かせください

・最近読んで面白かった本は何ですか

・ご関心のあるジャンルをお聞かせください

・新刊案内、自費出版の案内、キャンペーン情報などをお知らせする青山ライフ出版のメール案内を（希望する／希望しない）

★ご希望の方は下記欄に、メールアドレスを必ずご記入ください

・将来、ご自身で本を出すことを（考えている／考えていない）

（ふりがな） お名前	
郵便番号	ご住所
電話	
E メール	

・ご記入いただいた個人情報は、返信・連絡・新刊の案内、ご希望された方へのメール案内配信以外には、いかなる目的にも使用しません。

郵 便 は が き

103－0014

恐縮ですが、
切手を貼って
お出しください

東京都中央区日本橋蛎殻町1丁目
35―2 グレインズビル5階52号

青山ライフ出版
読者カード係 行

通信欄

ご意見・ご感想などお寄せください。小社ウェブサイト（http://aoyamalife.co.jp）で紹介させていただく場合がございます。あらかじめご了承ください。

で、赤ちゃんのモチベーションを探さなければなりません。赤ちゃんに対応できるのであれば、たぶん、海外子会社の社員や宇宙人にも対応できるでしょう。

本来、人間はマネージするものではありません。しかし、理想は社員が自分をマネージすることです。そのための適切な環境と文脈をつくらなければなりません。企業カルチャー、価値観、戦略的な一貫性、ガイド、ミッション、ビジョンなどを使わなければなりません。管理の場合これらは必要ないかもしれませんが、経営の場合これらは重要なツールです。

現代では、マネージャーはコーチ的な役割も担っていて、この役割はますます重要となり、たまに心理学者のような役割を果たすこともあります。つまり「管理」ではありません。

ＫＰＩがやばい！

カオスの中かもしれませんが、また経営を簡単に考えましょう。

経営＝「顧客・市場理解」＋「独自ワオ！」

将来に向けて、日本企業にとってもう一つの注意点とチャンスがあります。世界中に、最近の一五年くらいの間に、ＫＰＩ（Key Performance Indicator）と呼ばれる重要達成度指標が人気となりました（特に、現場から遠くの管理的な部門やコンサルタントに）。しかし、私はいつも「ＫＰＩが危ない」と言っています。数字的な指標が出るまで待つと、気付きが二〜四年遅れとなる可能性があります。

例を次ページの三つの図で見ましょう。

先行的な指標を使っても、主に「アウトプット」のチェックとなります。しかも、その「アウトプット」のチェックが遅すぎます。経営では「インプット」のチェックをもっとしっかりしなければなりません。

本来、ビジネスはＫＰＩではなく、毎日現場で状況を「感じ」なければならないものです。より早く感じて、より早く気付かなければなりません。社員が毎日現場を感じて、ビジネスをマネージしなければなりません。しかし最近、「実際のビジネスをマネージする」よりも、いろいろな会社や社員がますます「ＫＰＩをマネージしている」と感じます。み

ＫＰＩがやばい！

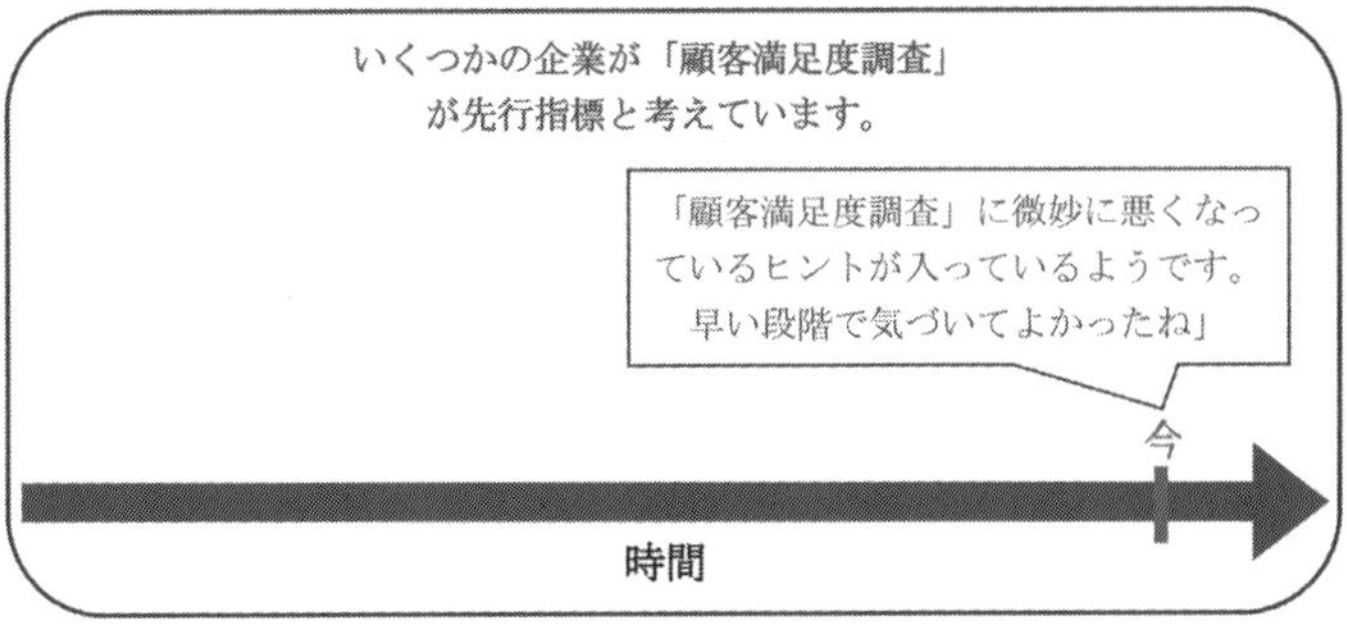

しかし、その指標変化の「原因」はいつか?

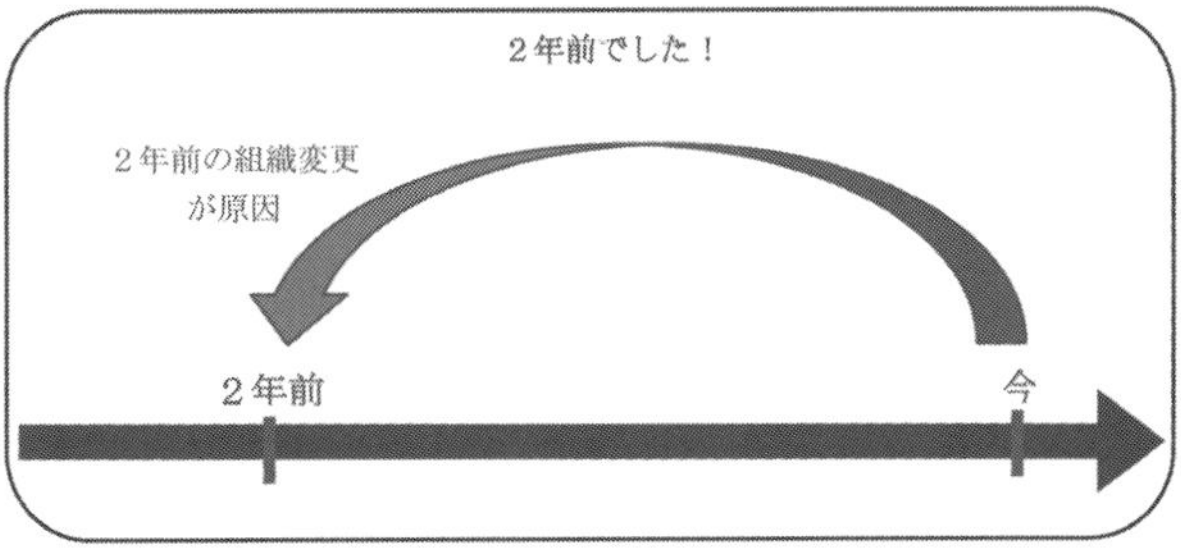

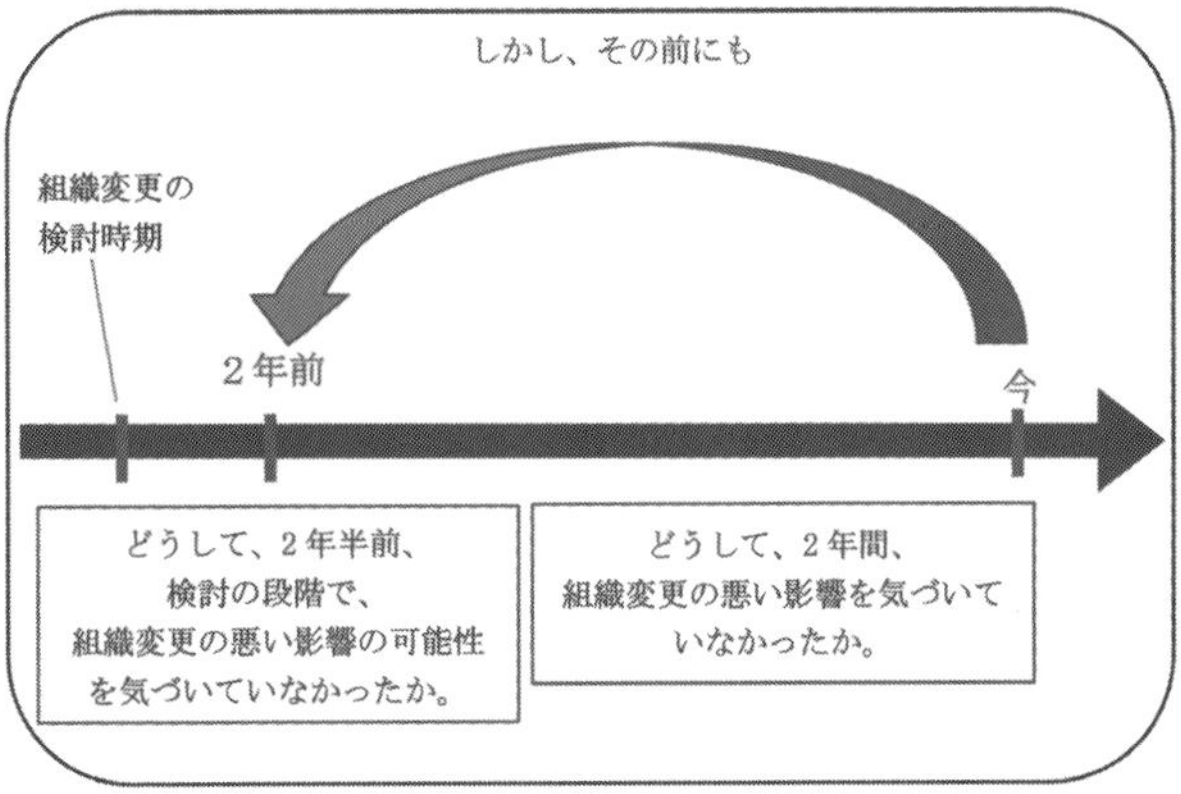

んなが「実際のビジネスをマネージする」ことをだんだん忘れていると感じます。指標に注目することは、スポーツでいえば、プレーではなくスコアボードばかりを見ていることです。

世界中の企業がＫＰＩにはまっている間に、日本企業の現場、現場、現場重視が差別化ポイントとなります。現場を「感じる」のが現場重視です。表面的な数字ではなく、顧客重視で、顧客のニーズを「感じる」。インテルのアンディ・グローブ元会長が言ったように、戦略や経営は「指先」で感じるものです。

「見える化」の前に「感じる化」に戻りましょう。

経営は「プロセス」より「中身」

飛行機製造メーカーのボーイングは、二〇一九年から墜落事故による運航停止や乗り入れ禁止措置が各国で広がりました。もしも現場をちゃんと見ていたら、一〇年先の問題が見えていたと思います。二〇年先かもしれません。二〇〇一年のボーイング本社移転で、私にアラートが出ました。それ以降、同社が「利益」ばかりを追求するのを見て、私の警戒感がかなり強くなりました。経営者のコメントを読むだけで、私は一〇～二〇年先の問題をつまみ上げることができます。戦略的な考え方に立てば、そのような「ずれ」を感じることができます。ボーイングの経営者が見せたKPIのマネージメントはすばらしかったかもしれませんが、現場にとってはまずい状況を感じました。

海外（特にアメリカ）の経営の表面的なものごとにはまりこまないでください。たまにばかげた悪循環が巡っています。例えば、KPIや経営ダッシュボードから脱け出せないでいる会社で、現場の社員がKPIの達成で評価されているケースもあります。

↓KPIが遅いので、変化の気付きも遅い。

↓したがって、対応も遅すぎになります。

↓リストラが必要かもしれません。

↓そして、経営者がさらに強く「KPIを達成しろ！」と宣言します。

社員がかわいそうですね。それは経営者がもたらした人災です。

毎日、毎日、毎日、現場（社内現場、顧客現場）を感じましょう。

PDCA（Plan/Do/Check/Action）サイクルにも似た注意点があります。それは工場からのもので、継続的にプロセスを改善するための循環的な考え方です。日本企業がかなりはまっていて、経営にもその考え方を使ってみたりしています。しかし、経営は工場の製造や管理とは違います。

前述したKPI事例のように、経営にとってPDCAサイクルが遅すぎるかもしれません。サイクルが回ってアウトプットや数字が出てからチェックすると遅すぎるかもしれません。きょうこの日に状況を感じなければなりません。きょうこの日に変更が必要かもしれません。

経営には「プロセス」よりも、「中身」（提供価値は何か、差別化は何か、競争力は何かなど）が大事です。

「経営品質」という活動もあります。たとえば、アメリカにマルコム・ボルドリッジ賞と呼ばれる経営品質賞の仕組みがあります。日本国内では日本品質協議会が似ている経営品質賞（JQA）を実施しています。しかし、そのような「経営品質」の評価は主にプロセスを評価します。中身は評価しません。もっとも大事な「中身」を評価していない点に注意が必要です。

かつてモトローラがボルドリッジ賞を受賞しました。同社はシックス・シグマという品質管理手法を開発した企業です。しかしその後、経営は迷走状態となりました。私は八〇年代から、この会社は日本企業と競争できないと感じました。どんなにすばらしい「プロセス」があっても、モトローラのように経営の「中身」（戦略は大丈夫か、提供価値は大丈夫か、顧客理解など）が疑わしければ、結局は失敗します。

経営は「プロセス」より「中身」です。

直観に基づくジャッジメント

経営では「アウトプット」ではなく、特に「インプット」のチェックをより重視しなければなりません。特に、前提（assumptions）をチェックしなければならない。「方針はだいじょうぶか」「戦略はだいじょうぶか」「市場理解はだいじょうぶか」「ジャッジメントはだいじょうぶか」「見方はだいじょうぶか」「中期計画自体はだいじょうぶか」などの前提をチェックしなければなりません。そのためには、将来を読まなければなりません。将来はまだ存在していないので、先行指標も存在しないかもしれません。市場理解の上に、戦略的な考え方と戦略的な洞察が必要となります。戦略的な考え方がないと、「先行指標」が実際に何年遅れているかわからないかもしれません。市場理解と戦略的な見方があれば、五年早くわかります。五年早く対策や判断を推進できます。

市場理解と戦略的な考え方があっても、数字なんかないので、経営でジャッジメントと観点（perspective）が必要です。工場の製造と違って、経営ではあまり「合理的」「数字的」な判断ができません（将来がまだ存在していないから）。ジャッジメントは主に直観からのものです。直観には現場の理解（社内現場、顧客の現場、競合の現場）がものすごく大事です。同時に、ジャッジメントをガイドするものは戦略的な一貫性、企業DNA、企業カルチャーなどです。

したがって、複雑な指標なんかよりも、次のような簡単なチェックが有効です。

・今月、競合環境がどう変わりましたか。今後二年間の考えに影響がありますか。

・今月、顧客や潜在的な顧客がどう変わりましたか。今後二年間の考えに影響がありますか。
・今月、市場がどう変わりましたか。今後二年間の考えに影響がありますか。
・今月、開発がどう変わりましたか。今後二年間の考えに影響がありますか。

将来の二年間の影響を見るため、戦略的な考え方も必要です。市場を緊密に理解しなければならないし、戦略的な洞察（foresight/insight）も必要です。しかし、通常は経営企画室や戦略企画室のような管理部署は市場・顧客から遠くて、あまり理解していないし、戦略的な考え方もあまり持っていません（前述したように、計画的な考え方が戦略的な考え方を殺します）。本来マーケティング部のようなところはそのような考え方を持っていて、市場・顧客を感じていますが、実際には、ほとんどのマーケティング部は逆のことに注目しています。つまり、既存の製品の市場への道です。

ここでは緊密な現場理解の必要性を強調していますが、それは戦略的な考え方に必ずしも必要ではありません。戦略的な考え方はよく「ずれ」を掘り出し、将来が見えます。ボーイングの例のように、経営者のコメントを読んで世の中との「ずれ」を感じることで、一〇年先の問題が見えます。

一九八七年、一七歳の私が日本企業に注目して、日本企業の技術やエンジニアリングがすごいと思いましたが、顧客・市場理解（私が顧客でしたから）、経営、戦略、マーケティング面の弱さを心配しました。その「ずれ」で、特に日本メーカーの将来は「やばい！」と思いました。その「ずれ」で、私は一〇年先のメーカーの問題を見ました。

市場・顧客の緊密理解がある人材は「ずれ」を引き出すかもしれませんし、逆に遠くから（違う視点・観点から）見ている人材も「ずれ」を発見するかもしれません。もちろん「ずれ」を感じる人材は脅威だけではなく、ビジネスチャンスも掘り出します。

「制度」「仕組み」の話になってしまう…

まずい管理と言えば、人事部関係にも多いです。人事部の人たちは現場（社内と顧客の現場）から遠くて、現場の仕事の中身にも詳しくありません。したがって、彼らは仕組み、

「制度」「仕組み」の話になってしまう…

成果主義
2つの部分に分けましょ

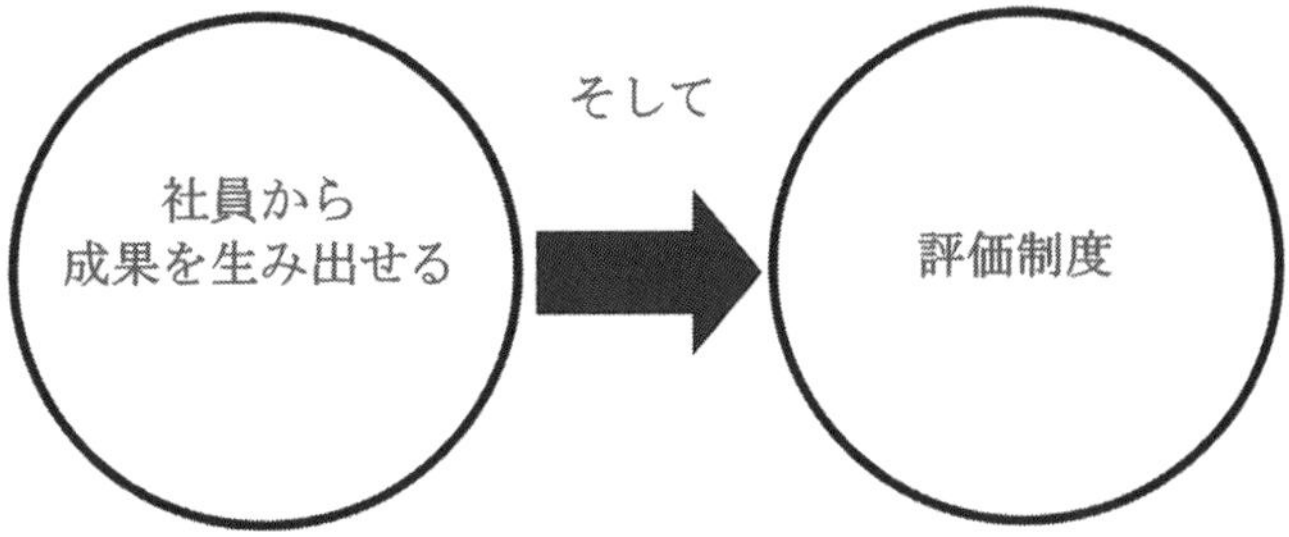

- 社員の脳の構造を理解する。適切に使う。
- 社員を育成する。
- 人間成長の機会を与える。
- モチベーションを与える。
- 組織の方針、存在意義を明確する。

等

- 組織のカルチャー、価値観、狙いによって、適切な制度が異なる。

社員から成果が出なければ、評価制度はあまり意味がない。

制度、プロセスに注目します。仕組みや制度と言えば、富士通等の日本企業も「成果主義」を導入していますが、多くの企業がまだ困っているみたいです。根本的な問題をよく感じます。

「成果主義」のため、人事部が「評価制度」を作成します。それは「制度」にすぎません。仕事の「中身」や「人間」のことではありません。したがって、現場では制度は人間（社員）とは関係がないと感じます。

「成果主義」の話におけるキーは「社員が成果を生み出すこと」です。いくつかの企業の問題はここに関わっていると思います。つまり、社員から成果が出なければ、評価制度はあまり意味がなくて、評価制度はどうでもいいものになります。

つまり、前ページの図のように、まず「成果仕組み」そして「成果主義」です。「成果主義」に基づく成果が出てくるのではなく、成果を生み出せる仕組みに基づく「成果主義」を運営します。

本来、経営の大きな目的は社員を成長させて、社員からパフォーマンスを引き出して、最大化することですが、人事部の目的が「評価」することになってしまうので、成果主義が人災になります。

整理するために二つに分けましょう。

〈1〉社員が成果を生み出せる仕組み

社員から成果を引き出すために必要な対応——

・社員の脳の構造を理解して、適切に使う。

・社員を育成する（人間的・感情的、ビジネス的、専門的な育成）。

・存在意義の明確化。
・人間成長の機会を与える。
・社員のパッションを使う。
・モチベーションを与える（各人のモチベーションが違う）。
・明確な組織方針を示すことは簡単なモチベーションアップ方法である。

そして、そのベースがあった上で、評価制度。

〈2〉評価制度

組織の価値観やミッションによって、適切な制度が異なります。年功序列、成果主義（個人成果か、チーム成果か）……など。

メーカーの場合、工場の中の機械をチューニングして最大パフォーマンスを引き出しますが、いくつかの企業が社員（特に工場じゃない社員）にあまり対応できないと感じます。

仕事・市場のリアル現場から見て、何が大事かを判断してください。「仕組み」「制度」「プロセス」か「中身」か。因果関係は何か。順番は何か。結局は、また現場、現場、現場……文脈、文脈、文脈……中身、中身、中身……。社員の脳、能力、スキル、知識、コンピテンス、情熱を使わないとむろん成果が出ません。「社員が成果を生み出せる」ことに焦点を当てることによって、成果だけじゃなく、社員満足も高まります。

とりあえず、制度をあまり考えず、成果の源泉、人間や組織の力の源泉に戻りましょう。結局のところ、われわれは個々人で毎日、能力やパッションを使いたいし、意義があるストーリーに参加したいし、成長もしたいのです。

「ワオ！」の源泉は社員

「人事制度」は通常、給与制度につながっています。しかし、私のようにモチベーションはお金ではない人間は、給与をそんなに気にしないので、「人事制度」もあまり気にしません。社会成熟度によって、アメリカやオーストラリアのように、日本も二〇～三〇年遅れくらいで、社員の「個人成長」へのシフト（マズローの欲求段階のように）が行なわれています。しかし、注意が必要です。四〇年前くらいにアメリカやオーストラリアでは、社員の「個人成長」や「ジョッブ型」っぽい働き方にシフトしました。しかし、顧客重視や企業の独自「ワオ！」が弱くなったと感じます。社会成熟度とともに人間・社員のニーズは変わりますが、（特にアメリカで）「顧客」「社員」「提供価値」というビジネスの三大要素を軽視することは経営の無責任だと思います。

犬やイルカのように、人間もある程度「報酬」のため「ジャンプ」しますが、「制度」や「取引型」のドライな社員の扱いや、最近の「ジョブ型雇用」には注意が必要です。社員の最大限のパワーや能力をたぶん引き出すことができません。犬やイルカと違って、人間は独自の「ワオ！」をつくることができます。人間は独自の「ワオ！」を提供したいのです。みんなといっしょに、自分自身よりも大きなこと、すごいことを実現できます。

憶えていましたか。企業ＤＮＡ、企業カルチャー、情熱は企業の差別化や競争力の源泉です。企業ＤＮＡ、企業カルチャー、情熱は社員から表現するものです。したがって、競争力や「ワオ！」のためには「取引型」や「ジョップ型」よりも「情熱型」が大事です（「情熱」は「モーレツ」という意味ではない）。前掲の図のように、社員の情熱を引き出すことは経営の役割の一つということも忘れないでください。

将来がまだ存在していないので、管理できるものではありません。顧客も管理できるものではありません。コントロールできるもの、影響を及ぼすものは経営です。それは企業カルチャー、独特の提供価値、一貫性、差別化などです。

市場理解の上で、自分のそれぞれの選択肢によって、自分の将来をコントロールできます。

「幸せ自体よりも、幸せのプロセスの知識のほうが重要という考え方が危ない」

——フョードル・ドストエフスキー（『おかしな人間の夢』から）

第7章

自分を定義し
運命をコントロール

われわれは誰？と尋ねる

経営は現場、現場、文脈、文脈

顧客の立場から、三五年前の話を繰り返して延々とわめき続けています。すみません。しかし、その間に改善が見られないのだから、しかたありませんね。多くの企業は問題を気付いてさえいないようです。特に日本メーカーは経営、戦略、市場理解、マーケティング、ブランドイメージ構築などが下手かもしれません。それがどのくらいまずいことかを気付いていないようです。

もったいない！

六〇年間日本企業は「片脚だけで走っている」と言われながら世界で競争しています。

もったいない！

日本にはすばらしいこと、独特なこと、優秀な人材がいっぱいなのに、もったいない！

三五年間、その「もったいない！」をなくすことが私のモチベーションでした。

顧客として厳しい言葉を使っていますが、この本の主な目的はみんながこの問題を認識することです。その上で、改善に向けてのヒントを挙げたいのです。チャンスがあれば、私も現場でみんなといっしょに改善を推進したいのです。

いうまでもなく、現場はそれぞれに違います。それぞれの組織は違う状況、違う文脈なので、各組織ごとに違う対応が必要です。日本では本や教科書通りにフォローする傾向がありますが、経営は本から出るものではありません。経営はエンジニアリングと違って、公式がありません。製造と違って、マニュアルがありません。経営というものは、毎日毎日自分の頭の中から生まれ出るものです。したがって、現場、現場、現場、文脈、文脈、文脈が大事です。

私は厳しい言葉を綴っていますが、経営を軽視しているわけではありません。経営はさまざまな面で大変だと思います。一〇年以上かかるかもしれない研究開発の推進、製造プロセスの開発、おおぜいの社員への対応、グローバルな量産体制の確立、グローバルな顧客体制の整備……。その上、サスティナブルなど社会的な要求もあります。マークさんも「ブランドイメージがまずい！」と言っています。大変ですね。一方では、すごいことですね。

コントロールできるもの

経営＝「顧客・市場理解」＋「独自ワオ！」

経営と企業の仕事に関して、もう一度簡単に考えてみましょう。

まず、顧客（潜在的な顧客を含む）がいます。顧客がいなければ何も始まりません。

そして、その顧客にすばらしい、独特な何か（ワオ！）を提供しなければなりません。

簡単に、経営はその2つです。

製造計画と違って、市場や顧客はコントロールするものではありません。理解するものです。一方で、あなたの企業カルチャーはコントロールできます。あなたの提供価値をコントロールできます。あなたの会社は独特で、誰にも真似できない何かが絶対にあります。

特に、日本の失われた二〇～三〇年で、多くの日本企業が「市場の被害者（victim）」のようなものになりました。そうならないよう、できるだけ自社の運命をコントロールしなければなりません。独特の提供価値を明確にして、一貫性、戦略、ポジショニングなどで自社の勝負の場を明確にすれば、ある程度コントロールできます。

この本で書いているような経営問題をたまにメーカーの方に話します。代表的なレスポンスは、一〇秒くらい深く考えた上で「マークさん、それは弊社には無理ですね」。当然、既存大手のエンジニアリング重視の企業DNAや企業カルチャーにとって「アティテュードづくり」などは無理かもしれません。技術者重視で「アティテュードづくり」などに必要な人材もいないかもしれません。では、どうすればいいか。

各現場で違いますが、改善に向けて、私の観点からの次の四つのポイントはガイドとなるかもしれません。

〈1〉人材ミックスが必要。九九％エンジニア（技術者）ではありません。

〈2〉自社の独特さ、差別化、「ワオ！」を発見して、明確にします。

〈3〉ブランドや企業のイメージが混ざらないように、違う組織にしたり、本社名を使わないようにします。

〈4〉海外の競合他社もめちゃくちゃなので、勝つチャンスがあります。

＜1＞人材ミックスが必要

私のお父さんはエンジニアです。家族が出かけるときにはいつもお父さんが遅れます。私たち家族が待っている間に、お父さんは悠然と、ゆっくり、ステップ・バイ・ステップで出かける準備をしています。お母さんが「お父さんは変わらないね。さすがエンジニアね」といつもクレームをつけます。その通り、人間の本質は変わりません。変わる必要はありません。特にエンジニアの場合、自分たちがいなければ社会が止まってしまいます。われわれのまわりの便利な物が存在しなくなります。必要なのはそれぞれの人間です。

エンジニアのお父さんは、私の戦略的な、科学的な、マーケティング的な考え方を理解できません。ある面でそれは当然です。各人間の脳の構造が違いますから。大事なのはそれぞれの人間がそれぞれに取り組むことです。それぞれの人間の独特なすばらしい特徴を使わなければなりません。

エンジニア（技術者）たちが日本の強みであることは確かです。私は現場の技術者が大好きで、尊敬しています。いつもわくわくしています。メーカーにとっての問題は技術者ではなく、問題は人材ミックスだと思います。それぞれの観点、考え方、情熱、スキル、経験などを持っている人材です。価値を形にできる人材、顧客を理解できる人材、競合環境や市場を理解できる人材も必要です。技術者ばかりではありません。

日本メーカーの場合、社長や経営幹部がもともと技術者というケースがよくあります。そんな経営者が「マークさん、本音を言えば、私は戦略、経営、マーケティングにあまり興味がないんです。昔の技術者時代のほうが楽しかった」とよく言います。やっぱり技術者なので技術と遊びたいのです。

もちろん経営に向いている技術者もいますが、人間の顧客や社員、市場やビジネスなどを理解して対応するためには、人材ミックスが大事になると思います。技術者だけではなくビジネスが好きな人、顧客対応が好きな人、マーケティングが好きな人などが必要です。必要な人材が必ず日本にはいます（世界中の人材を使ってもいいけど）。価値を形にする（アティテュード等）人材が必ずいます。技術だけじゃなくて、それぞれの提供価値を創造できます。

しかし、「偉い人材」、ＭＢＡ（経営学修士）、コンサルタントを招き入れて解決できる問題ではありません。「価値を形にする」ためには企業ＤＮＡ、企業カルチャー、情熱など提供できる価値が源泉になります。したがって、企業カルチャーに適合する人材が大事です。企業のすばらしい価値を開花させる情熱を持っている人材が大事だと思います。

日本メーカーは強い「エンジニアカルチャー」を持っています。組織に対して技術者が強い影響力を持っています。大きな提供価値をつくっています。もちろん、強い「エンジニアカルチャー」を持っている企業は世界中にあります。もともとアメリカのモトローラやドイツのシーメンスがエンジニアリング重視組織でした。韓国のメーカーもかなりエンジニアリング重視と感じます。

企業の「エンジニアカルチャー」が提供価値の源泉かもしれませんが、その限界を理解しなければなりません。ＢtoＢ（企業と企業の取引）では、顧客が製品の仕様を手渡すと、日本のメーカーは完璧につくり上げます。多分、顧客の期待以上のものが仕上がります。そういう面では、まさしく世界一の物づくりです。そうしたＢtoＢの場合は価値が通じるかもしれませんが、民生品や車のＢtoＣ（企業と一般消費者の取引）市場では、エンジニアリング仕様の価値が通じません。

この本で私は企業ＤＮＡを強調しています。この企業ＤＮＡが「物づくり」そのものかもしれない、「エンジニアリング」そのものかもしれない。早い段階に市場、顧客、ビジネスを理解できる人材を入れてミックスをしたら、「提供価値を形にすること」が楽になります。早い段階からの人材ミックスが大事だと思います。「エンジニアリング重視提供価値」と「市場・顧客理解」の両方が実現できると思います。

問題は既存の大手企業です。企業の強みの源泉は企業カルチャーなので、カルチャーを変更するとその強みが減退する恐れがあります。一方、人材ミックスを増やしても、多分「免疫応答」で新しい人材が辞めてしまいます。人材ミックスを入れて、企業カルチャーの「チューニング」程度はできるかもしれません。

企業のアイデンティティやアティテュードをはっきりさせて、創造したいのでしたら、別の組織で新しいことを試してみるのもいいかもしれません。「独自のワオ！」と「顧客の理解」の両方ができますよ。

＜2＞あなたの会社の「独自のワオ！」は何ですか

結局、Virgin 社の例のように、独自のワオ！（すごい！）は何でもいいのです。すぐれた顧客重視・顧客サービスを持つ会社（ザ・リッツ・カールトン、ホテルオークラ、サウスウェスト航空、ノードストローム・デパートなど）を見ると、彼らの第一質問は

「われわれの顧客は誰？」ではない。

「われわれの顧客の要求は何？」でもない。

すぐれた顧客重視・顧客サービスを持つ会社の第一質問は

「われわれは誰？」

「われわれの意義は？」

「われわれの価値は？」

「われわれはどうやって価値を創成しているか？」

……などです。

そして、彼らの第二質問は

「われわれの顧客は誰？」

「われわれの顧客の具体的な要求は何？」

のようなものかもしれません。

つまりは、独自の何か、誰にも真似できないもの。その源泉は企業DNAや、企業カルチャーから発生するものです。人間の歴史を見れば、情熱（パッション）がなければ最高のもの（best）になれないし、すごいもの（great）も創造できません。

つまり、情熱→性能→トップ、優れた、第一、ビューティ（ロダンの彫刻のような）、ベストゥ、グレイトゥ、マスターピース（モネの絵のような）、ファーストティア（最上級の）のような順番です。

情熱によってトップ企業になれる可能性があります。しかし、単なる「顧客主導」や「競合他社重視」だったら、ファーストティアではなくセカンドティアかサードティアの企業になります。単に顧客をフォローするだけであれば、ほとんどの付加価値は顧客に依存したものとなります。特に現代においては、あなたの企業にアイデンティティがなく確固たる立場をとらないのならば、顧客はあなたの企業を尊敬しません。

不明確な企業アイデンティティのもう一つの問題は、潜在的社員を惹き付けないという点です。会社の意義も不明確だからです。したがって経営の一つの役割は、

社員に意義を与えること
顧客に意義を与えること——です。

企業カルチャー、企業ＤＮＡ、意義、提供価値はコントロールできるものなので、自社の運命をある程度までコントロールすることもできるようになります。そうでなければ、いったい誰があなたの企業の運命をコントロールしますか。

戦略も自分の運命をコントロールできるストーリーやガイドです。

戦略＝独自の「差別化、競争力、儲かる、付加価値」ストーリー。

つまり、戦略＝付加価値や差別化のガイド。

ある意味では、戦略＝違い（difference）。

その「違い」が差別化の源泉です。その源泉は考え方、やり方、会社カルチャー、組織、価値観、ふるまいなどです。

日本には「違い」がいっぱいあります。日本人にも「違い」がいっぱいあります。

違う考え方は武器です。

違うやり方は武器です。

最近日本人は中国やアメリカとの競争を心配しています。しかし、中国やアメリカとの「違い」や「差」がいっぱいあります。その「違い」から生まれる付加価値を使ったら、すばらしい将来を切り拓くことができますよ。

私が好きなテレビ番組『カンブリア宮殿』を見ると、登場する多くの企業が彼ら独特の「違い」を武器としています。たまに「変なおじさん」のような方も出ますね（だから私は日本のおじさんが好きです）。そういえば、私が富士通に入った理由の一つは、歴史的にちょっと変わった人材が多かったということです。「一般とは異なる人材、ちょっと変な人々がいるのなら、将来があるかもしれない」と思ったのでした。

他社が同じ企業カルチャーであったら、差別化になりません。「違い」のため、

戦略＝NO＝トレードオフ。

つまり、戦略に関しては、「やること」よりも「やらないこと」のほうが非常に重要で

す。

もちろん、潜在的な顧客の理解やビジネス・競合環境の理解の上で、独自の「違う」、独自の「ワオ！」を考えなければなりません。私にとってアップルはたいした存在ではありません。ビジネスの一般的なことだけをしています。人間の顧客をちょっとだけ考えて、独自の考えを加えたということです。しかし、アップルはかなり内部重視で（秘密主義を含めて）、一般の人間と離れて、人間の顧客の世界とちょっとずれていると感じます。

「提供価値を形にする」場としての部署

最近、みんなが「デザイン思考」に注目しています。それは主に顧客理解、人間理解、状況理解の取り組みです。しかし、それはビジネスの一般的なことです。もともとビジネスの原点です。みんながビジネスの一般的なことを忘れたようです。大企業病か、専門化しすぎたか、細分化しすぎたかのいずれかのせいかしら。ビジネスの基礎に戻りましょう。現場に戻りましょう。

ビジネスや経営は双方向の「顧客・市場の理解」と「独自の考えの提供」を組み合わせることです。組織の中に、その「独自のワオ！」と「顧客・市場の理解」から「提供価値を形にする」場としてどこがいいでしょうか。残念ながら、世界中で、マーケティング部が主に「社内で開発した物を売るため」の活動の場となります。したがって、一方的な市場分析や宣伝と広告のような「豚に口紅を付ける」こととなってしまいます。本来、マーケティング部のような部署の役割は深い提供価値を形にすることです。したがって、マーケティング部のよう部署で「独自のワオ！」と「顧客・市場の理解」を発見して、つないで、提供価値をつくることが良いかもしれません。

営業部は顧客をフォローするかもしれません。開発部門は技術をフォローするかもしれません。フォローではなく、深い理由や意義を探して、提供価値を掘り出す部隊が必要だと思います。深い理解、洞察、意識、知恵を掘り出すため、質問が大事です。戦略的な考え方に質問することが重要です。ある状況から深い意義を抜き取らなければならないので、すべての前提や可能性を問わなければなりません。

つまり、表面的な「豚に口紅を付ける」マーケティングではなく、より深い役割です。

「顧客・市場の理解」と「独自の考えの提供」から「提供価値を形にする」ので、企業と経営の中心的な活動となります。しかし、単純な「戦略的な考え方」や「市場・顧客理解」ではなく、「提供価値を形にする」ため、「価値を形にする」部隊が価値を理解しなければなりません。特に、メーカーの場合、多くの価値の源泉は技術やエンジニアリングです。したがって、その技術の意味や技術の潜在的な市場へのインパクトを理解しなければなりません。技術のシーズから市場への橋渡しをつくりながら、提供価値を形にしなければなりません。やっぱり、人材ミックスが大事となります。

一方、「提供価値を形にする」場として、「経営企画室」や「戦略企画室」のような部署は多くの場合まずいです。まず、「計画」と「戦略」が一八〇度違います。「計画マインド」が「戦略的な考え方」を殺します。「経営企画室」のような部署は世界中でちょっと恥ずべき歴史がありました。私はそれを聞いて、自分の目で見て、本当に恐ろしいと感じました。現場（会社の現場と市場の現場）から離れて、ファンタジーのような方針、戦略、競合環境分析などが出てきます。「経営企画室」が多分、大企業病の発生地です。

日本企業が世界に「現場が大事」ということを教えてくれました。しかし、大企業病に曜ってしまい、社内の現場と市場の現場が遠くなりました。社内の現場と市場の現場で企業DNA、企業カルチャー、情熱、他社が真似できない技能・ノウハウ、市場理解・顧客理解、潜在的なニーズ・機会を感じることによって、洞察、企業アイデンティティ、真の提供価値を再発見できます。

とりあえず、ビジョンはいらない

スタートアップ企業と違って、歴史がある大きな企業の場合、ビションから始めるのは間違いだと思います。経営の本やコンサルタントの話に注意してください。失われた二〇〜三〇年の間に経営に苦しいたくさんの企業が経営の本やコンサルタントの話をフォローして、「ビジョンやミッションを出さなくちゃ」と言いました。

スタートアップ企業と違って、そのような企業の場合、とりあえずビジョンはいりません。必要なのはきょう21時までの「生き残り対策」でした。歴史がある既存企業の場合、複雑なことではありません。現場（社内と市場）と経営の基礎に戻りましょう。シンプルに考えましょう。偉そうなビジョンではなく現場（社内と市場）にヒントが必ず潜んでいます。

歴史がある企業には企業DNA、企業カルチャーがあります。まず最初にそれを抜き取った上で、深い議論が必要だと思います。企業DNA、企業カルチャーから戦略的なガイドのようなものが生まれ出てきます。その議論の中に「企業DNA」や「企業のパッションや「市場理解」に基づくビジョンやミッションの話もだんだん入るようになります。

日本では、大企業病や「経営企画室病」や「アメリカ化」によって「現場重視」が希薄になったかもしれませんが、日本企業の「現場重視」は大事な価値観です。ただし、一つだけ気付かなければならないことは、その「現場」は世界だということです。世界の潜在的な顧客の現場および海外社員を含む現場です。つまり、単に日本市場の製品を世界に提供することではありません。単に日本から製品を輸出することではありません。世界の本当の現場に出ていって理解してください。

日本にはそれぞれ独自の考え方、やり方、能力があるので、独自「ワオ！」の種がいっぱいあります。しかし、海外にその提供価値が通じなければ「ガラパゴス化」の恐れもあります。もったいないですね。海外で提供価値が通じないのは「合わない」ということかもしません。多くの場合、日本企業はマーケティングとビジネスが下手ということかもしれません。

デファクト・スタンダード対クラフトマンシップ

しかし、顧客としての私にとってより深刻な心配は、世の中の「デファクト・スタンダード化」です。または、各分野に大手の二、三社しか残らないのではないかというということです。顧客の選択肢が減り、多くの場合製品・サービスがつまらなくなります。その合理化の中、みんなが顧客のことを忘れがちです。世界のみんながビジネスの基礎的なことを忘れそうです。

パソコン業界の場合、ほとんどのパソコンがグレーや黒色になってしまいました。つまらない！　最初は日本メーカーがそれぞれの色のパソコンや携帯電話を提供しました。しかし、日本メーカーが弱くなって、残っている「グローバルブランド」の携帯電話やパソコンの色がつまらなくなりました（今、派手な赤い富士通パソコンでこれを書いています）。テック企業が自動車業界に入ると、パソコンのように車も「グレーか黒か」になるでしょうか。今の「つまらない車」よりも、さらにつまらなくなるかしら。

　エンジニアリング会社は人間の顧客の理解には弱いかもしれませんが、少なくとも物、形、動きを考えています。一方、テック企業が「技術」ばかりを考えているという恐れがあります。人間の顧客に対応できるでしょうか。グーグル、フェイスブック、マイクロソフトなどは人間の顧客に対応できていません。

　デファクト・スタンダード、標準、安い、簡単化、合理化、つまらない化に立ち向かうことはかなり難しいですね。しかし、ファイトをしなければなりません。そうしなければ、世界中すべてがつまらない製品・サービスとなる恐れがあります。これは企業側の努力だけではなく、顧客のうるさい声も必要だと思います。

　ドイツの企業もかなりエンジニアリングに強い。しかし、特に物ややり方の「標準化」を強調して、依存しています。つまり、日本の職人技能（クラフトマンシップ）にはチャンスがあります。「標準化」と戦うことが難しくて寂しいかもしれないが、日本のクラフトマンシップで必ず独自の「差」が生まれて、それが価値になると思います。提供物によって「世界標準」「世界トップ」「ユニコーン」「デファクト・スタンダード」を目指さなくていいと思います。しかし、ビジネス面で独自「ワオ！」をしっかり出せたら、チャンスがあると思います。ビジネスの基礎に戻って、「独自の提供価値」と「市場・顧客理解」の二つを結んで、チャンスが必ず生まれると思います。「デファクトアプリをダウンロードする」ではなく、自社の提供価値が顧客の心に響いたら、成功のチャンスがあると思います。

「ビジネスの成功」というのは「地球上のすべての人間の手に同じ製品を載せる」ことではありません。ビジネスの成功は顧客とつなぐことです。それはあなたの企業の存在価値の証拠となります。あなたの企業の成功です。あなたの企業の存在意義を満たすことです。

われわれはより良いことができます。

われわれはより良いことをしなければなりません。

＜3＞一貫性がある組織とは

自社の「独自のワオ！」がわかっても、組織がその価値を市場に提供できるでしょうか。前章で紹介したように、戦略的な一貫性やイメージの一貫性が有効です。

企業は人間のように万能ではないから、すべてはできない。企業カルチャーが企業の強みの原点なので、既存企業のカルチャーを変更したら、会社の存在意義や強みがなくなるかもしれません。少なくとも「中途半端な」組織となる恐れがあります。特に、既存の旧来の企業の場合、企業カルチャーの「チューニング」程度で終わるかもしれません。どうしましょうか。

私の観点からはトヨタは「製造会社」なので、トヨタが「アティテュードを提供する自動車会社」になりたいのでしたら、同じ組織では無理かもしれません。別の組織で別の企業カルチャーをつくったほうがいいかもしれません。そうすれば、各組織が「独自のワオ！」を提供できます。または、私が三〇年前から思っているように、トヨタが製造だけに集中して、そのすばらしい製造サービスを世界中の「本当の自動車会社」に提供したほうがいいかもしれません。

ホンダも同じです。ホンダが本当に「エンジニアリング会社」でしたら、「アティテュードを提供する自動車会社」になることは同じ組織では無理かもしれません。

つまり、同じ組織で「製造カルチャー」と「アティテュードをつくるカルチャー」など二つの企業カルチャーをつくるのは無理です。二つのビジネスモデルをつくるのも無理です。いずれも中途半端な提供価値（つまらない車など）になります。その場合、

・社名を使わないで独立したブランド（独立組織）を使う――か、

・関連が見えない独立した子会社を使う――か、

・強み以外を他の企業に任せる――か、です。

オーストラリアでP＆Gが社名を使っていないのと同じように、社名を使わずに強いブランドだけを使うのは有効です。たとえば、マークスアンドウェブ（MARKS & WEB）というスキンケア、シャンプーなどを販売している会社があります。最初はイギリスの会社かと思いましたが、正真正銘、日本で生まれた企業です。松山油脂という製造元（実は同

じ会社）の社名は使っていません。

違うブランド、違うイメージ、違う提供価値でしたら、違う組織が有利かもしれません。「独自のワオ！」とブランドを育成するため、適切な企業カルチャーが必要です。提供価値を最大化するため、適切な企業カルチャーが必要です。一方、顧客の観点から子会社やブランドが親会社と関連がないように示さなければなりません。レクサスの発表会にトヨタの社長が参加するような問題は排除したほうがいいと思います。同じ場で二つのブランドが前面に出るとまずいです。

トヨタは「86GR」のようなスポーツカーの独特なイメージを示したいようです。そうでしたら、別の会社としてそれをスピンアウトしてもいいかもしれません。製造をトヨタや他社に委託してもいい。トヨタと関係がないようにイメージを示さなければなりません。くれぐれもトヨタ社長が発表会に参加しないように。スポーツカー、ファミリーカー、つまらない車……混ざっているイメージがまずいです。

BtoCの場合、違う組織が有効かもしれませんが、BtoBはどうでしょうか。提供価値が「エンジニアリング」や「技術」かもしれませんし、顧客が「エンジニアリング仕様」

だけに興味があるかもしれませんね。しかし、一つの組織に高い競争レベルでできることには限界があります。混ざっているビジネスモデル、企業イメージ、企業カルチャー、企業ＤＮＡによって、一つの組織には限界があります。

グーグルの場合は、社員がオタクっぽいイメージで、「技術重視カルチャー」だそうです。「アルゴリズム会社」ですから、ＢtoＣ（ただですから）や自動（アルゴリズム）広告に強い半面で、ＢtoＢにちょっと苦しんでいます。つまり、その「オタクカルチャー・アルゴリズム会社」に「人間の顧客」や「顧客サービス」ができるかどうかは疑問です。ＢtoＢでも「人間の顧客対応」が大事です。別の組織が必要かもしれません。

スポーツの場合、相撲をやるかアーティスティックスイミングをやるか、のような選択肢があります。「相撲アーティスティックスイミング」という（面白そうな）スポーツがない限り、両方のスポーツにおいてトップレベルで競争することは無理そうです。

＜4＞チャンスがいっぱい！

私が好きなテレビ番組『カンブリア宮殿』の企業事例を見ると、「あ、日本の将来はだいじょうぶ！　明るい！」と思います。独特なことをやっているだけじゃなく、社員重視と顧客重視の事例が多い。一方、海外（特にアメリカ企業）が顧客や社員から離れている傾向があります。この番組の企業事例を英語化して、特にアメリカに流してあげたいくらいです。日本企業の問題はそれ以外の、経営に弱く戦略的な一貫性がなくアティテュードもブランドイメージも不明な日本企業です。

海外では五〇年前くらいから、社会成熟度によって、社員と顧客から離れることが始まったと感じます。アメリカ、イギリス、オーストラリアなどの一九七〇年代は「失われた一〇年」のような時期でした。製造が日本とアジアに移動して、大企業病も発症しました。オーストラリアでは「物をつくらないとbanana republic（バナナだけを売るような経済が不安定な国）になるじゃないか」という警句も出回りました。その苦しさを経験したことによって、八〇年代には終身雇用が終わって、社員それぞれの個人キャリアへのシフト、ジョッブ型雇用へのシフトなどによって、顧客への対応が変わりました。

例えば、ジョッブ型雇用の場合、顧客サービスが悪くなったと感じました。社会成熟度やさまざまな変化に関して、日本は三〇年くらい遅れたかもしれません。しかし、その遅れは良いことです。社員重視と顧客重視の企業がまだ残っていますから。それは経営の原点です。つまり「独自のワオ！」と「顧客・市場理解」の原点です。

人間の顧客や社員から離れている傾向のある世界で、社員重視と顧客重視は大事なことです。その観点、価値観、考え方、生き方が差別化ポイントになり、チャンスになります。その上、日本の企業は「顧客のため」だけじゃなく、「みんなのため」や「社会のため」を重視する傾向があります。単純に「会社のため」や「利益のため」ではありません。松下幸之助もそのような考えでしたね。「みんなのため」や「社会のため」に電化製品を提供する。多くの日本企業は電化製品からオートバイ、自動車まで「みんなのため」に「一般人向け」にがんばっています。一般人に普及させるため、手頃な値段で提供する。それを実現するため、製造業はコストを抑えることにとんでもなくがんばっています。「ガリガリ君」を二五年間値上げしなかったことはその代表例だと思います。その観点、価値観、考え方、生き方が差別化ポイントになり、チャンスになります。

特に民生機器の歴史を見ると、昔アメリカやヨーロッパでつくられていた頃はちょっと「硬い」工業デザインだと感じました。一方で、日本企業がつくる民生機器はもう少し「人間らしさ」や「やさしさ」を持っていると感じました。やっぱり「一般人のため」の価値観から生まれたのです。たまにちょっと「おもちゃっぽい」けれども。私が日本に来たとき、海外のがんじょうな鉄の洗濯機に比べて、洗濯機が「プラスチックっぽい」と思って、だいじょうぶかなと心配しました。それほど「やさしいデザイン」「人間らしいデザイン」です。

携帯電話市場を見ても、アメリカでは携帯電話が長い間「プロフェッショナル・ツール」のようなものでした。一方で日本では（韓国、中国でも）女子高校生が携帯電話ユーザーのリーダーでした。

繰り返しますが、その「一般人向け」「人間っぽい」が製品・サービスの差別化ポイントとなります。その観点、価値観、考え方、生き方がチャンスを生みます。その「みんなのため」や「一般人向け」の価値観に独自アティテュードと「独自のワオ！」を提供できますよ。

顧客は人間

私に言わせれば、アップルも大したものではありません。一般的なことをやっています。「独自のワオ！」と「顧客理解」。他社の方はダメです。したがって、チャンスがあります。アップルの元社長、スティーブ・ジョブズも特別ではありません。あなたの会社にたくさんの「スティーブ・ジョブズ」がいるかもしれません。しかし、残念ながら、多くの会社（特に大企業）は社員の能力や「独自ワオ！＋顧客・市場理解」の提供を潰します。

例えば、会社がエンジニアリングを重視して、デザインを軽視して、コストの要求で妥協して、設計で部品を「標準化」して、顧客・市場理解が弱くて、顧客・市場を選別しなくて、ブランドイメージが不明なので、ガイドがない……。

妥協、妥協、妥協で、「中途半端」、「標準化」、「つまらない」ものが生まれます。

あなたの会社の社員がスティーブ・ジョブズのように「独自ワオ！＋顧客・市場理解」を提供したいと思っても、そんな会社環境の中では無理ですね。アップルはあまり妥協しないかもしれませんが、実際、厳しいビジネス環境の中では妥協することも必要です。しかし、妥協するためにはガイドが大事です。例えば、戦略的なガイドや、ブランドイメージのガイドです。

会社のシステムや環境にガイドがなければ、企業システム自体が提供価値をコントロールしてしまい、システムが「フランケンシュタイン製品」を作ります。自分の提供価値を定義して、コントロールしてください。

多くの企業は技術やエンジニアリングばかりに集中して、人間の顧客をあまり考慮していないみたいです。逆に、それはチャンス！　人間の顧客を理解できる組織をつくりましょう。

そして、もう一つのチャンス。最近、世界中の企業がデータにますます注目し始めています（AIを含めて）。給料の高いデータ・サイエンティストも採用しています。しかし、「人間の顧客」をあまり理解していないじゃないか、人間の顧客から離れているんじゃないかと感じます。だから、チャンス！

私は多分、日常的に四〇〇くらいの製品・サービスを使っています。しかし、ほとんどの製品・サービスに満足していません。つまり、私の過去の買い物歴史データはゴミです。企業は「データが宝物」とよく言っていますが、それは単なるゴミかもしれません。人間の顧客の本当の部分を全然理解していません。

もったいない！

顧客自身も認識していなくて想像できない潜在的なニーズを含めて、人間の顧客を理解しましょう。そして、それに合いそうな独特の製品・サービスを考えましょう。とんでもない可能性があると思います。顧客は人間ですよ。データではありません。

「大儲け」か「ブランドイメージ」か

この本では、自動車業界の事例をよく使っています（トヨタさん、ごめんなさい）。簡単な事例でわかりやすくて、まずいことが多い業界だからです。アメリカのビッグ3をはじめとして、日本、韓国勢を含めて、ブランドイメージが不明な上に、多くの自動車がつまらないデザインです（特にファミリーカーのセグメント）。多くの自動車メーカーが「エンジニアリング」や「製造」に集中していますが、本当の人間顧客を見ていないようです。多くの自動車にパッションやインスピレーションが全然見えません。表現したい価値は何だろうか。パッションがなければやめたほうがいいんじゃないか（これは提供価値へのパッション。エンジニアのパッションではない。エンジニアのパッションは顧客に通じない）。顧客の心と感情につながる本当の価値を提供していません。市場に「マイナス価値」を提供しています。

その一方でチャンスがいっぱいあります。アップルも自動車業界に参入という噂が出ていますが、多くの車がつまらなすぎて、いろいろなプレーヤーが市場に参入したいと考えているかもしれません。

ドイツの自動車プレーヤーを見てみましょう。ヨーロッパの自動車業界で家族株主や経営者のパワー争いがよくありましたが、グループ経営ではますます大企業病だと感じます。フォルクスワーゲンのブランドイメージもはっきりしません。ドイツの高級車は、保守的な（地味な）表面の裏にエンジニアリング重視組織があります。ＢＭＷとアウディを見ると、両社が3、5、7などの番号シリーズを使い、８シリーズがスポーツカーで、電気自動車の場合、それぞれ「i×××シリーズ」「e×××シリーズ」があります。お互いに真似し合っているのでしょうか？　そのような単純なことでしたら、勝負ができるじゃないか。

ＢＭＷとアウディが小さい自動車にもラインアップを広げました。「1シリーズ」「2シリーズ」（やっぱりお互いに真似し合っている）の小さな自動車も出しています。東京の道で特に「性格」の感じられない小さな車が走っているのを見て、トヨタ車かと思いましたが、実はＢＭＷでした（1シリーズかもしれません）。ＢＭＷはトヨタに似ている?!　それは深刻な問題じゃないか。

ラインアップを広くするため、「性格」なし、見た目でわくわく感なし、という恐れがあります。「パッション」からではなく、「計画部門」からのものだと感じます。大企業病の証拠でしょうか。みんなＧＭの歴史から勉強していないみたいです。

ＢＭＷは「駆けぬける歓び（Sheer driving pleasure）」「究極のドライビング体験（The ultimate driving experience」という一貫性のあるアティテュードを提供しますが、もうちょっと問題があるかもしれないメルセデスベンツは「地位（status）」のようなアティテュードを提供しています。「駆けぬける歓び」は変わらないかもしれませんが、「地位（status）」の意味するものはいつも変わります。

ＳＵＶ（スポーツ・ユーティリティ・ビークル）の大型車が人気になっています。確かにデザイン的に昔のステーションワゴンの形が醜いので、ＳＵＶの形はバランスがいいと感じます。各社がＳＵＶで大儲けしていますが、ブランドイメージに注意が必要です。ポルシェのＳＵＶが人気で儲かっています。しかし、もともとポルシェの持ち主のイメージはどうだろう。攻撃的な金融トレーダーのようなイメージが浮かびます。私の女性友達が「ポルシェは大人の男性のおもちゃ」と述べました（結局、車体デザインの独特なカーブやレーシングの歴史によっていろいろな人をそそのかすのだと思います）。一方、ポルシェのＳＵＶは「soccer mom（アメリカで子供をサッカー練習に連れていく母親）」のようなイメージじゃないか。その二つは全然違います。ポルシェのブランドイメージはだいじょうぶでしょうかね。

ランボルギーニにはかなり強いブランドイメージがありますね。私がランボルギーニを見ると、特に車の後ろのほうは宇宙船か何かみたいといつも思っています。そして、最近、ランボルギーニのSUVを見ました。見た目が「普通」で、他メーカーのSUVに似ていると思いました。ランボルギーニのブランドは「宇宙船」を提供する権利があるのに、どうして「普通」を提供するのか。もったいない。

ランボルギーニ＝「普通」!?

問題じゃないか。

こうした海外他社の大企業病によって、チャンスが生まれるのです。

電気自動車へのシフトに向けて、日本車メーカーやメディアが電池技術競争や新しいサプライチェーンや新しい競争相手などについてよく話しています。しかし、「ブランドイメージ」の話が見えません。電気自動車にも「ブランドイメージ」が不明で、またつまらない車になりそうかもしれませんね。「ブランドイメージ」の競争と提供価値の競争の話はどうなっていますか。「ブランドイメージ」や顧客への提供価値を考えていないようです。

最近、シリコンバレーなどの「テク」重視の企業が自動車市場を狙っていますが、人間の顧客を理解できるでしょうか。ＭａａＳＳ(Mobility-as-a Service＝次世代の交通サービス）などの言葉もよく出ます。つまらない省略世界になって、それは危険信号じゃないか。

六〇年間つまらない車とブランドイメージ不明の業界なので、顧客は自動車業界にたぶんあまり期待していません。本当の競争がなかったために、自動車業界に何が可能かを顧客が見たことがありません。価格や馬力での競争があったかもしれませんが、顧客の心と感情への本当の価値の競争があまりありませんでした。

われわれはより良いことをしなければなりません。

われわれにはより良いことができます。

時計会社スウォッチ創業者の有名な話です。最初に彼が同じ時計に三つのラベル、「Made in Hong Kong」「Made in Switzerland」「Made in Japan」を試しました。そして、潜在的な顧客に聞きました。同じ時計なのに、潜在的な顧客は「Made in Switzerland」ラベルの時計に高い価値を付けました。提供したい価値や提供したいアティテュードによって、そこまで考えなければなりません。

たとえば、「美しさ（beauty）」がある車を提供したい場合、「Designed in Italy（イタリアでデザインされた)」のほうがいいかもしれません。製造は別のところかもしれません。製造をトヨタに製造委託してもいいじゃないですか。または、「Made in Europe」の強いエンジニアリングのイメージが欲しいのでしょたら、マグナ・インターナショナルのヨーロッパ工場に製造委託してもいいです。

「独自のワオ!」を考えて。

「顧客の理解」を考えて。

「独自のワオ!」と「顧客の理解」で無限の可能性があります。

車のミニを見くてださい。もともとは「一般車」というよりも「最低限実行可能」車の感じでした。その小さな空間に「人間が本当に入れるか(特に私より背が高い親戚が)」のような印象でした。見ると笑いました。イングランド人の自嘲的な態度と合わせて、ミニがちょっと変な存在だったこそかもしれませんが、二〇〇一年に生まれ変わりました。あの変な存在だったミニが「楽しみ(Fun)」「格好いい(Cool)」「型破りな(Funky)」というアティテュードとなりました。会社全体がその一貫性を示しています。

結局「独自のワオ!」は何でもいいのです。

ミニにそれができるなら、あなたにも生まれ変わるチャンスがありますよ！
われわれはより良いことができます。
われわれはより良いことをしなければなりません。

We can do better.
We have to do better.

■著者紹介

フォーリー・マーク

現場重視の戦略家。

オーストラリア出身。1993から日本に滞在。

物理専攻（ナノテクノロジー）で博士号取得。結局、理科の「広い視野で見て、問う」マインドは「戦略的なマインド」なので、15歳から経営に興味を持って、17歳から特に日本メーカーに注目した。日本で、研究留学、そして、富士通に務めた。現在、実践的なビジネス開発コンサルタントとして、務めている。

問い合わせ：www.StrategicGuideposts.com

顧客からの手紙

トヨタは「鉄」、MINIは「楽しみ」を売っている

著　者　フォーリー・マーク

発行日　2023年4月28日

発行者　高橋 範夫

発行所　青山ライフ出版株式会社

〒103-0014

東京都中央区日本橋蛎殻町1-35-2グレインズビル5-52

TEL：03-6845-7133

FAX：03-6845-8087

http://aoyamalife.co.jp

info@aoyamalife.co.jp

発売元　株式会社星雲社（共同出版社・流通責任出版社）

〒112-0005 東京都文京区水道1-3-30

TEL：03-3868-3275

FAX：03-3868-6588

ISBN978-4-434-31969-3